機率好好玩!

張振華 著

序

從瘋狂樂透談起

　　機率是統計學一門重要的支派，稍加留意，你會發現機率的用語在你身邊氾濫成災，報紙上說經濟衰退機率五成，該買或賣股票？氣象報告說明天有 **70%** 的機率下雨，是帶傘或不帶傘？大樂透一夕致富羨煞多少人，如果你僅剩 **50** 元，該買彩券還是留著下一餐？這些都有待我們對機率的正確解讀。可惜的是，市面上大部分書籍一提到機率就是一堆複雜公式、計算，讓人望而生畏，久而久之就不想再理這個影響我們深遠的統計名詞，失去一個蛻變為現代優質公民的契機。

　　本書取材自新聞媒體的報導，題材生動活潑，更重要的是貼近讀者的感受，並且不露痕跡地導引相關機率觀念，甚至能糾正一些記者的錯誤觀念，成為看完本書的最大收穫，更重要的是能啟發讀者處處留心皆學問的學習心態；本書就是要讓您耳目一新，機率也可以這麼好玩！

張振華

目錄

1

機率，我真的搞不懂你啊！！

女人說「不要」時，到底是「真不要」還是「假不要」？
男人永遠搞不懂！
對於機率，你是否也有這種感覺？

破布謎樂蒂 小姐
Ms. Probability

愛情與麵包

歌手許慧欣的「詩‧水蛇‧山神廟」一曲，娓娓唱到：「北方的馬蹄瀰漫著雪白的過去，這整遍銀白色的大地凝結空氣，而我從夢中甦醒還在起伏情緒，一次次計算夢見你的機率。」

這首歌訴說男女思念情懷，因為不是每次都能入夢，才讓人在夢裡夢外都飽受折磨，作曲者寫著一次次計算夢見的機率，刻骨銘心，讓人也不禁感動落淚，如果夢見的機率是百分之百多好啊！

撇開男歡女愛，麵包畢竟比愛情重要，看到新聞上寫著：

未來 3 個月亞股走多機率 8 成

看好臺股選前站上 1 萬 2,000 點的花旗環球證券分析師樂志勤（Markus Rosgen）昨表示，從過去 17 年歷史經驗，亞股每年 11 月到隔年 1 月，多頭機率達 82%。（資料來源：中時電子報 2007 年 10 月 30 日）

82% 還真是不低呢！簡直是千載難逢的好機會，於是你義無反顧的把身家財產全投入股市，不料，美國次級房貸危機發威，釀成全球股災，臺股慘跌，明明有 82% 的機率，怎麼這麼巧我就偏偏遇到不是多頭的 18%？

被晃點啦！

好啦，生活的不如意事不要老是放在心上，日子還是可以多采多姿的，安排個長假到東部旅遊吧，看看最近的天氣好不好，咦──有颱風，新聞寫著：

米塔有 7 成機率直撲南臺灣

颱風到底對臺灣影響多大？氣象局預測，今年第廿三號中度颱風米塔與第廿四號輕度颱風哈貝吉，已漸出現相互牽引的雙颱藤原效應。……米塔颱風有七成機率會直撲南臺灣，依照颱風行進速度，最快廿六日將發布海上颱風警報。（資料來源：中國時報 2007 年 11 月 25 日）

七成的機率應該很高吧！你想著，於是只好失望取消行程，但沒想到你又被晃點了，最後這個颱風並沒有侵襲臺灣，轉個彎就閃人了！風和日麗，晴空萬里，於是你開始懷疑氣象局的預測能力，甚至你想起了每天晚上的新聞，美美的天氣預報美眉說明天有 90% 的降雨機率，隔天你帶著雨傘出門，結果偏偏沒有下雨，而預報說 10% 的降雨機率就偏偏下雨了，害你成為落湯雞，這種情況屢見不鮮。好吧！既然機率總是跟你作對，你注意到中大樂透頭彩的機率只有千萬分之一，你決定反其道而行，拿出 10 萬元的私房錢來下注，不料這次機率是真的站在你這邊，中獎機率甚低，下注金額有去無回，很快你就輸得精光，讓你不禁仰天長嘆：「機率，我真的搞不懂你啊！」

但機率似乎也不是永遠跟你作對，總是有可取之處吧！你的一位朋友是計程車司機，某天你看到一篇報導，不禁替他擔起心來了：

原住民、漁民、運將職災機率高

勞工朋友較一般民眾容易發生意外事故傷害，據勞安所觀察，其中又以原住民勞工、漁業勞工和陸上運輸業勞工發生職災的機率相對高。

………至於大貨車、大卡車、客運、計程車或快遞貨運等

陸上運輸業者，死於意外事故傷害的是一般勞工的二點一倍，其次常見的高血壓性疾病、慢性肝病、肝硬化及心臟疾病等。在三十到三十九歲的死亡率也比一般勞工高了近一點九倍。運將族群工時也長，如果又喝含酒精的飲料或藥酒後上路，容易引發意外。（資料來源：自由時報 2007 年 11 月 1 日）

　　這種生命交關的大事可千萬不要跟機率對賭，在後文我們會提到這種機率大多由資料庫千萬筆資料歸納而得，可信度極高，相信機率是比較保險妥當的方法，畢竟拿自己性命開玩笑太不值得。

　　機率既然對我們影響既深且廣，第一步當然是瞭解機率的定義跟算法。以我們最常接觸到的報章媒體而言，對機率的計算往往荒腔走板，讀者被誤導尚不自知，有些可能無傷大雅，有些則破財傷身，不可不慎啊！為此筆者構思以報章媒體內容為主體的機率入門書，就是希望讀者能在生活化的教材中體會機率奧義，不要一看到數學式子就暈頭轉向。

看在錢的面子上

　　當然，瞭解機率也有更積極進取的一面，就是幫自己多賺些銀兩。在「賭俠」一劇中，莊家利用監視器偷窺賭俠陳小刀的牌色，藉此計算閒家（就是賭客啦）各種牌色的機率。這倒不是只有電影才會出現的情節，在現實生活中，將機率應用在賭場實戰已愈見普遍，這樣的賭客，被稱為「算牌人」（card counter），這種趨勢反映了賭場文化的脫胎換骨，高學歷的職業玩家愈來愈多，他們精通數學、統計學、賽局理論（game theory），機率當然居中成為贏錢關鍵。筆者倒也不是鼓勵讀者都成為賭徒，而是要成為一位精明的賭徒，賭徒賭博靠運氣，

所以十賭九輸；精明的賭徒只挑熟悉的賭術，贏錢則靠機率，所以瞭解機率正可讓你趨吉避凶，財源廣進賺大錢。

2

隨機不隨便

隨機，隨機，人人嚷嚷上口，卻未必能真懂隨機意涵，
當然，若說誤解的第一名，就是將隨機當隨便。

隨機，隨機，人人朗朗上口，卻未必能真懂隨機意涵，當然，若說誤解的第一名，就是將隨機當成隨便。

隨機非隨便

筆者就讀大學時，有一位明星教授宣稱點名學生回答問題採隨機抽樣，他的方法是將書本闔上，然後隨意翻開一頁，以頁碼來決定誰回答，看似公平，因為頁碼的確涵蓋每位學生的學號，大家都有可能被點到，但是因為該位老師翻書的習慣，導致後來被點到的同學都集中在一個小範圍，這些同學簡直生活在痛苦深淵，其他同學則放心聊天、睡覺，可見根本一點就不隨機。報紙上說，經濟不景氣，連歹徒都懂得隨機選擇肉票，勒索個二、三萬也好，這也是隨機嗎？這只是說明歹徒並不像過去一般相中富豪人家，精心策劃綁票計畫，而是隨意在大街小巷閒晃，看到落單又合適的綁架對象就下手，隨意可也不等於隨機。講了半天，那到底什麼叫隨機？

雖然沒有一個統一的定義，但統計學家大致同意，隨機就是結果亂到無法預測，但說它亂，它卻又能呈現出某種秩序。以擲骰子來說好了，我們沒辦法預測擲出的正確結果，但我知道一定是 1 點到 6 點其中之一，而且我也知道當我不斷地試，每個點數出現的機率會趨近於六分之一。而在明星教授隨機抽學生回答的例子中，我們已經可以預測出某些學生永遠不會被點到，就好像骰子的某些點數永遠不會出現一般，這就不是隨機。

當然，要深刻體會隨機意涵，恐怕還需要更多的實例，更多的觀察與體會，讀者看完本書後可以細心留意周遭人事物，相信會有更徹底的理解。同樣的，假設你想知道某立委的支持度，到路上隨便抓十個人來問或者到該立委的大本營去抓十個

人來問，甚至到老人雲集打太極拳下棋的某公園抓十個人來問，結果可能南轅北轍，最能夠接近選舉後實際得票率的方法稱為隨機抽樣，那麼到底哪一個才是隨機抽樣呢？

　　與隨機觀念密切相關的是隨機實驗（random experiment），或稱為隨機試行，顧名思義，就是一個過程，讓隨機現象得以展現。前述的擲骰子、教科書中常見的丟銅板都是隨機實驗，再以丟銅板來解釋，丟銅板不是出現「正面」，就是出現「反面」，除非神蹟出現，銅板直端端的站立，同樣的，我們不知道哪一面會出現，但我們知道一定只會出現二種情況而已。

稗官野史論隨機

　　相傳明鄭叛將施琅在攻打臺灣之前，拿出 100 枚康熙御賜銅錢，向兵勇們說：「若有 95 枚以上的銅板字面朝上，我軍必勝！」結果一擲之下，竟有 99 枚是字面朝上。霎時間歡聲雷動，人人熱血奔騰，但其實這些銅錢中，有 95 枚是兩面都是字的特殊銅板。這是個相當奇特的隨機實驗，只是其意義對施琅或是不知情的將士來說並不一樣，對施琅來說，只是 5 枚銅板的隨機實驗；對將士來說，卻是 100 枚銅板的隨機實驗。

億萬樂透夢

　　嫌丟銅板太過簡單嗎？那麼每週開獎的大樂透也是隨機實驗，但就複雜多了。現在大樂透開獎方式，是將標有號碼的彩球一組 49 個放進球箱，然後藉由吸入空氣產生氣流擾動，在擾動中有一個球可能衝出上方活門，其他彩球繼續被箱內氣流擾動，衝出。如此開出 7 個彩球後停止，前 6 個彩球的編號就是當期獎號，第 7 個彩球的號碼稱為「特別號」。49 個球都有相同機會被吹出，甚至我們可以算出總共的組合有多少，但我們

並不知道最後哪 7 個球出現。事實上，有人花 50 元中 2 億，有人花 100 萬反而全部槓龜，這就是隨機現象的最佳註解。

果真丁丁是個人才？次文化的觀察

但即使事實是如此，可愛的彩迷還是不厭其煩的求助旁門左道，希冀能得到明牌，不少人求神問卜，算八字求運勢，看星座五行，紫微斗數樣樣來。更爆笑的是，近日在中國地下六合彩風行，還有人從英國著名幼教節目「天線寶寶」中四名外星人主角的言行舉止找出明牌，真是令人噴飯。其中一位寶寶名叫丁丁，經常重複無聊的詞句語彙，以成人眼光看來當然有點愚蠢腦殘，所以丁丁是個人才成為火紅用語，用以諷刺某人是笨蛋，連丁丁跟他比，都可以算得上人才了。

以上橋段隨著民智大開，彩迷大都能理解其虛偽，不過如果換個學術包裝，大家又半信半疑了，例如以下這則新聞：

樂透 6 期／數學資優生自己算明牌連續兩期中四星

建中高一資優生吳孟軒獲得今年國際科展數學首獎，有趣的是他研究的題目，遞迴數列理論正好可以應用在樂透彩券上面，讓他連續兩期都猜中四顆星，雖然沒有下注，但他很高興的是，利用運算原理，讓中獎機率大大提高了。16 歲的建中資優生吳孟軒，這回發揮他的數學長才，把數學運算的理論進一步應用到風靡全臺的樂透彩選號上，結果連續兩期都中四顆星，其實這是他在國際科展數學類組的得獎作品，他從遞迴數列的原理中意外發現可以大大提高中獎率的「撇步」。

依此類推，第六期的樂透號碼，經過程式運算，十組號碼又出爐了，只是孟軒也透露，盡量要挑分布平均的數字…………。（資料來源：東森新聞網 2002 年 2 月 8 日）

　　這個遞迴數列跟隨機實驗根本八竿子打不著，更別說找出頭彩號碼。別的不說，如果真這麼屬害，這位同學光靠中頭彩早已經是億萬富翁，且名震全球，但可惜自從這則新聞後，再也沒有相關消息，可見連續兩期都中四顆星只是巧合而已。至於所謂：「盡量要挑分布平均的數字」更不符合統計原理，在後面我們會計算出每組號碼出現的機率都是一樣的！

3

大位不以智取，請用擲筊

在 2007 年春，各政黨陸續舉辦總統初選，
陳總統開玩笑的說，選總統要天命，
乾脆大家一起到前主席黃信介墓前擲筊來決定。
這一席話果是語出驚人，擲笑選總統，當真前所未聞。

　　暫且假設讀者對隨機實驗有初步認知，接著要提的是相關的概念，包括基本出象（elementary outcome）、樣本空間（sample space）及事件（event）。讀者不要看到這邊就皮皮挫，這也不是很難的想法，透過一個小故事我們就可以解釋清楚。

大位天注定？

　　在 2007 年春，各政黨陸續舉辦總統初選，為了總統大位，執政黨亦是殺得天昏地暗，正當人選難產之際，陳總統開玩笑的說，選總統要天命，如果四大天王真的協調不來，乾脆大家一起到前主席黃信介墓前擲筊來決定。這一席話果是語出驚人，擲筊選總統，當真前所未聞。但讀者如果有注意到，擲筊的習俗深植臺灣民間，求神問卜一定要擲筊，而愈來愈多的廟宇在農曆春節期間舉辦擲筊大賽，信徒繳了費用就可以擲筊，誰連續擲出最多的聖筊，就可以抱走轎車一部，一時間信徒趨之若鶩，說穿了這只是廟方做莊，信徒當賭客的怡情小賭，卻巧妙攀附了擲筊文化的神秘色彩，當然廟方一定是穩賺不賠的。

隨機實驗與結果

　　一般民俗禮儀中，筊二個為一組，而每個筊各有凸面（陽面）跟平面（陰面），而擲筊就是同時將二個筊往上拋，讓他們自然落在地上。

　　如果先撇開擲筊是傳遞神明旨意的玄學角度，統計學可以將擲筊視為隨機實驗的一種，因為你知道所有可能出現的結果，但你不知道最後會出現哪一種，也不能操縱要哪一種結果，你可以反覆擲筊，說明這個實驗可以重複進行。

　　當手起筊落，兩個筊最後躺在地上的形狀有 3 種可能，各有特殊意涵，其中一陰一陽稱作「聖筊」，意味信徒問求已獲神

明認同；兩個陰面則稱作「笑筊」，代表神明不置可否，通常被視為神明不認同，信徒會重新更換請示內容；最後就是兩個陽面，稱作「陰筊」，明顯表示神明反對。而這三種狀況在統計學上就稱為出象。

4

XX 配不配？

長昌配，長昌配，長昌配完呂游配，
到底有幾種可能的組合呢？

　　在執政黨總統副總統候選人陷於渾沌不明之際，很多政論名嘴喜歡自己配對，順便講講各種組合的優缺點，還好可選的人不多，很快就可以把所有可能性掃瞄一遍，而這「所有可能性」就是樣本空間的概念，如果還是不清楚，我們就先以骰子再說明一遍。

掌握樣本空間

　　所謂樣本空間就是所有出象的組合，比如說擲一顆骰子，他的出象是 1 點到 6 點，所以樣本空間可以表示成：

　　那擲二顆骰子呢？情況好像有點複雜，每顆骰子有 6 種可能，二顆骰子的樣本空間如下：

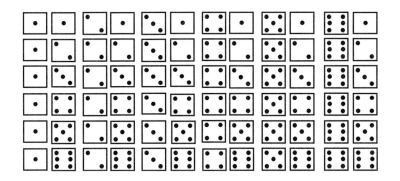

　　共有 36 種可能，有點眼花撩亂了，但讀者一定找不出其他漏網之魚，還好，我們接觸到最麻煩的應該就是這個了，由於統計學上的計算需要，不能只用上述圖形表達，所以對樣本空

間有便利的表達方式，例如丟一個骰子的樣本空間 S 就表為：

$$S = \{(1),(2),(3),(4),(5),(6)\}$$

而丟二個骰子的樣本空間就表為：

$$S = \begin{cases} (1,1),(1,2),(1,3),(1,4),(1,5),(1,6) \\ (2,1),(2,2),(2,3),(2,4),(2,5),(2,6) \\ (3,1),(3,2),(3,3),(3,4),(3,5),(3,6) \\ (4,1),(4,2),(4,3),(4,4),(4,5),(4,6) \\ (5,1),(5,2),(5,3),(5,4),(5,5),(5,6) \\ (6,1),(6,2),(6,3),(6,4),(6,5),(6,6) \end{cases}$$

這樣的表達方式方便我們運算，當然，擲骰子是教科書的樣版、很簡單可以寫出樣本空間，但諸如大樂透的號碼組合呢？總共有超過一千萬種的組合，恐怕寫到手抽筋都寫不齊全，這時候我們必須藉由一些方法直接計算其組合數，而不是土法煉鋼一一寫出來，而這就是組合跟排列的技巧。

組合

在此先以民進黨的四大天王：謝長廷、蘇貞昌、游錫堃與呂秀蓮搭配競選總統的各種可能性為例子。如果任意找出兩人搭檔選總統，則共有幾種可能？如果你完全不懂組合的觀念，硬是將之兩兩配對，還是可以得到正確結果，如下表所示：

謝長廷 蘇貞昌	蘇貞昌 呂秀蓮	謝長廷 呂秀蓮
謝長廷 游錫堃	呂秀蓮 游錫堃	蘇貞昌 游錫堃

　　屈指一算只有 6 種可能，這是比較單純的情況，容許我們一一寫出各種狀況。但就像前文提到的，如果像大樂透，要寫出從 49 個號碼選出 6 個號碼的所有組合，幾乎是不可能的任務，該怎麼辦呢？放心，統計學家給了我們一個簡單的公式，我們只要將資訊帶入公式就可以算出，組合的公式如下：

$$C_r^n = \frac{n!}{r!(n-r)!}$$

　　其中 $n!$ 念做 n 階乘，意思是 $n \times (n-1) \times \cdots \times 2 \times 1$

　　C_r^n 代表從數目為 n 個的群體中取出 r 個，在四大天王初選的例子中，n 就是 4，r 就是 2，所以帶入公式中：

$$C_2^4 = \frac{4!}{2!(4-2)!} = \frac{4 \times 3 \times 2 \times 1}{(2 \times 1)(2 \times 1)} = 6$$

　　跟我們上表列出的結果一致。同理，在更複雜的大樂透中，n 就是 49 個號碼，r 就是 6 個號碼，

　　所以帶入公式中：

$$C_2^{49} = \frac{49!}{6!(49-6)!} = \frac{49 \times 48 \times 47 \times 46 \times 45 \times 44}{6 \times 5 \times 4 \times 3 \times 2 \times 1} = 12,983,816$$

　　也就是有高達一千三百九十多萬種可能組合，相當驚人。

Excel 小幫手

　　上述計算有點煩人，沒關係，大家電腦裡面應該都有 Excel，裡面有內建公式幫助我們計算，讀者只要將資訊輸入即可。

　　1. 首先打開 Excel。

2. 選取插入→函數→ COMBIN 。

3. 接著會跑出下圖的方框，在 Number 填入 4，Number_chosen 填入 2，就可以得到答案 6。

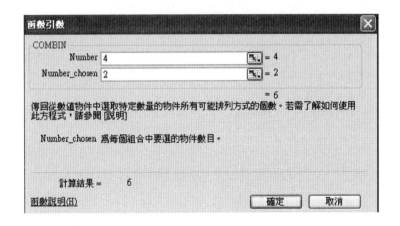

排列

排列跟組合關係密切，前述的組合將任二人搭檔視為一組，並不區分誰選總統或副總統，但由於副總統向來是備位元首，雖然位高卻是空殼子，只能當花瓶剪剪綵，正所謂深宮怨婦，誰也不想當副手，所以誰正誰負就相當重要，如果考慮這點，共有幾種可能呢？

因為窮舉法還不算難，我們稍加擴充下表就得到答案，如表中所示。當然，因為這例子還算簡單，讀者可以自行寫出所有組合，證實確有 12 種可能。讀者可以猜想，前文組合中的任一種情況，並沒有區分誰正誰副，但是在這邊卻視為不同的組合，於是就多出一倍組合的變化，因此共有 6×2=12 種可能。

正	副	正	副	正	副
謝長廷	蘇貞昌	謝長廷	呂秀蓮	蘇貞昌	游錫堃
謝長廷	游錫堃	蘇貞昌	謝長廷	蘇貞昌	呂秀蓮
游錫堃	謝長廷	游錫堃	蘇貞昌	游錫堃	呂秀蓮
呂秀蓮	謝長廷	呂秀蓮	蘇貞昌	呂秀蓮	游錫堃

當然，我們也可以直接給出排列的公式，如下所示：

$$P_r^n = \frac{n!}{(n-r)!}$$

在四大天王初選的例子中，n 就是 4，r 就是 2，所以帶入公式中：

$$P_r^n = \frac{n!}{(n-r)!} = \frac{4!}{(4-2)!} = 12$$

排列也可以利用 Excel 計算，讀者只要將資訊輸入即可。

1. 首先打開 Excel。

2. 選取插入→函數→ PERMUT。

3. 接著會跑出下圖的方框，在 Number 填入 4，Number_chosen 填入 2，就可以得到答案 12。

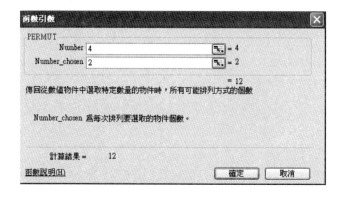

5

聖筊八連莊

連續擲出 8 次聖筊機率有多少？答案是 1/6561
若有人真要聖筊八連莊的話，
那這下可就苦了神明了……

ㅇ··· 已經給了8個聖筊了····
這傢伙怎麼還不走呀，
我好想下班······

　　瞭解前面提到各種出象跟樣本空間的概念後，接著我們就可以處理事件跟事件機率的問題，我們決定採用比較少人熟悉的擲筊來說明。其實擲筊就跟丟二個銅板一樣，但很多人卻會搞混，就像底下這位怪怪的國中數學老師：

怪怪的數學老師

連擲 8 聖筊機率 1／6561

　　連續擲出 8 次聖筊機率有多少？答案是 1/6561！一名國中數理老師說，擲筊會出現 3 種情形，每種筊出現機率就是 1/3，連續 8 次都擲出聖筊的機率，也就是 1/3 的 8 次方，等於 1/6561。

　　不過如果將「笑筊」和「陰筊」都歸類為不獲神明認可的同一種類型，另一種就是獲得神明認同的「聖筊」，總共只有兩種類型，聖筊與非聖筊，那麼，出現聖筊的機率也就是 1/2，連續出現 8 次聖筊的機率就等於 1/256。（資料來源：自由時報 2006 年 3 月 22 日）

　　首先要討論的是這句話：「擲筊會出現 3 種情形」，意思是樣本空間只有 3 種基本出象，是這樣嗎？我們直接將之表示在下圖：

　　上圖中顯示的確有 3 種，數學老師好像沒錯啊？的確，如果我們從最後躺在地上的形狀來看是 3 種，但這不代表樣本空間就是這樣。要解釋這個錯誤，最簡單是將筊區分為 1 號筊跟 2 號筊，那麼重新寫樣本空間如下：

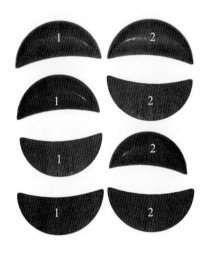

　　如果用便利的樣本空間表示法來說，可以表達成：

$$S = \{(\text{陽},\text{陽}),(\text{陽},\text{陰}),(\text{陰},\text{陽}),(\text{陰},\text{陰})\}$$

　　小括號中第一個字是 1 號筊的出象，第二個字是 2 號筊的出象，所以（陽 , 陰）代表 1 號筊為陽面，2 號筊為陰面。之所以會變成四種出象，是因為一陽一陰其實有二種可能，1 號筊為陽面或 2 號筊為陽面。其他如擲二個銅板，出現一正一反的機率也是雷同，必須將銅板編號才能正確計算。

先人的「智慧」

現在我們可以處理事件機率的問題，如果我們要問擲筊，

「聖筊」出現的機率為多少？則「聖筊」就是事件，機率的計算就是以樣本空間的組合數為分母，事件的組合數為分子：

$$\frac{\text{事件組合數}}{\text{樣本空間組合數}} = \text{機率}$$

擲筊的樣本空間包含（陽，陰）、（陰，陽）、（陽，陽）、（陰，陰）四種基本出象，而符合聖筊的出象有（陽，陰）及（陰，陽）兩種，所以聖筊機率是這兩個出象的機率之和：

$$\frac{2}{4} = \frac{1}{2}$$

而出現（陽，陽）或（陰，陰）的機率各為 $\frac{1}{4}$，所以我們可以猜測為什麼古人將聖筊定義為一陰一陽，因為這樣機率較高，容易擲出，不然要擲到神明「同意」，手真會酸死了！而回頭看看這位怪怪的數學老師，他既然在樣本空間就搞錯了，機率自然也會跟著錯，也就是一陰一陽實際上該有二種組合，不是一種。

同理，擲一顆骰子，出現點數 6 的機率是多少呢？其樣本空間有 6 種組合，根據定義，可以輕鬆知道機率是：

$$\frac{1}{6}$$

丟一個銅板，「出現正面」的機率為多少？「出現正面」就是事件，以樣本空間的組合數為分母，事件的組合數為分子，所以機率為：

$$\frac{1}{2}$$

簡單事件與複合事件

事實上，上述的事件可以區分為簡單事件（simple event）和複合事件（composite event）。簡單事件只包含一個基本出象，例如前述擲一顆骰子，出現點數 6 的事件。而複合事件包含二個或二個以上基本出象者，例如出現「聖筊」包含（陰，陽）與（陽，陰）二個出象，又如擲一顆骰子「出現的點數是偶數」的事件，包含（2，4，6）。當然，複合事件可以相當複雜，比方說投擲三顆骰子，「點數和超過 10」的事件，這時候要計算可是要費番功夫的。而如果討論「點數為 7」的事件，除了賭神可能搓出來外，一般人是擲不出來的，所以稱為虛無事件。

互斥事件

互斥也是事件關係中重要的觀念，兩事件互斥代表兩事件沒有交集，「有我就沒有他，不共戴天」，比如說擲一顆骰子，「點數為奇數」的事件，跟「點數為偶數」的事件就是互斥，因為沒有一個數既是奇數又是偶數，根本不可能有交集。而「點數小於 4」的事件跟「點數為偶數」就沒有互斥，因為他們有共同的交集，就是點數 2。事件互斥對我們計算機率會帶來絕佳便利性，為什麼呢？接著，就由加法法則講起。

加法法則

計算機率除了土法煉鋼，從樣本空間去計算外，還可以藉由一些法則計算，就以前述的例子來說，如果我們想知道擲一顆骰子，其「點數小於 4」（事件 A）或「點數為偶數」（事件 B）的機率（注意這個或字），怎麼算呢？

符合點數小於 4 的出象是 1、2、3，符合點數為偶數的出象是 2、4、6，而或代表二者符合其中一個就可以，此稱為聯集，

相對的，必須二者都符合的稱為交集，如 2。從上述分析我們知道聯集出象是 1、2、3、4、6，所以機率是 $\frac{5}{6}$。但我們也可以這樣算：

事件 A 機率：$p(1,2,3) = \frac{3}{6}$

事件 B 機率：$p(2,4,6) = \frac{3}{6}$

聯集代表任一即可，所以將機率相加，但是這樣點數 2 會重複計算，所以要扣除交集的部分，因此機率為：

$$p(1,2,3,4,6) = p(1,2,3) + p(2,4,6) - p(2) = \frac{5}{6}$$

在統計學上，我們特別用公式表示出來：

$$p(A \cup B) = p(A) + p(B) - p(A \cap B)$$

其中

A：點數小於 4 的事件

B：點數為偶數的事件

$A \cup B$：A 事件與 B 事件的聯集

$A \cap B$：A 事件與 B 事件的交集

互斥法則

而一旦兩事件互斥，代表沒有交集，$p(A \cap B) = 0$，所以：

$$p(A \cup B) = p(A) + p(B)$$

　　意思是不用再去考慮兩者交集的部分，機率直接以互斥事件機率來加總即可，這對我們求算機率將相當方便。例如擲「一點或三點」的機率是多少呢？因為一點跟三點是互斥的，所以出現的機率可以將個別機率直接相加：

$$\frac{1}{6} + \frac{1}{6} = \frac{1}{3}$$

互補事件

　　兩事件為互補代表兩事件的出象加總起來就是樣本空間，比如說擲一顆骰子，出現「點數 3」的互補事件就是「點數不是 3」，而如果我們已有點數 3 的機率，則點數不是 3 的機率就是：

$$p(\text{點數不是 }3) = 1-p(\text{點數是 }3) = \frac{5}{6}$$

　　同理，擲出「聖筊」的互補事件就是「非聖筊」，包括「笑筊」和「陰筊」，機率為：

$$p(\text{非聖}) = 1-p(\text{聖}) = \frac{1}{2}$$

　　不要小看這種求算方式，它在日後可以幫助我們從不同角度、不同方式來計算機率，包括建立一些法則，幫助我們用更快的速度求得機率。

烏龍大師

　　國中老師犯錯不稀奇，連數學大師也搞混就有點離譜了，法國數學家達朗貝爾曾經鬧了一個笑話：有個機率問題，假設

阿瓜與阿呆兩人約定下述規則丟銅板：共丟兩次，如果任何一次出現正面，阿瓜就獲勝。反之如果都沒有出現正面，阿呆就獲勝。數學大師達朗貝爾的推論過程如下：

如果第一次就出現正面，阿瓜就獲勝，遊戲結束。而如果第一次出現反面，要再投一次。第二次若出現正面，仍是阿瓜贏；當第二次出現的又是反面，才算阿呆贏。因此達朗貝爾推論，總共有三種情形，前兩種阿瓜贏，第三種阿呆贏，所以阿瓜獲勝的機率是三分之二。

看到這裡，不熟的讀者可能就被其推論牽著鼻子走，好像沒錯啊！事實上，寫出樣本空間就可以看出問題在哪裡，先後丟兩枚銅板的樣本空間就類似擲筊，就是：

$$S = \{(\,正\,,\,正\,)\,,\,(\,正\,,\,反\,)\,,\,(\,反\,,\,正\,)\,,\,(\,反\,,\,反\,)\}$$

可以看出，阿瓜獲勝的條件，「任何一次出現正面」的出象包括（正,正）、（正,反）、（反,正），阿呆獲勝的條件只有（反,反），所以阿瓜獲勝的機率是四分之三，阿呆只有四分之一。

6

O型巨蟹男最容易中樂透嗎？

什麼樣的人最可能中樂透？
台北富邦銀行從五年來、近千位千萬以上得獎者中分析，
其中，男性、四十歲到四十九歲、血型O型、
巨蟹座等特質者中頭獎機率最高。
但如何正確解讀這個資訊呢？

客觀機率理論的誤用

誰最可能成為樂透富翁？每期都買、男性、巨蟹座、O型、40到49歲

什麼樣的人最可能中樂透？臺北富邦銀行從五年來、近千位千萬以上得獎者中分析，每期都購買、且開獎當天五點到近八點之間下注者，占中獎者比重近一半以上；其中，男性、四十歲到四十九歲、血型O型、巨蟹座等特質者中頭獎機率最高。……（資料來源：工商時報2006年12月21日）

這是臺北富邦銀行在即將結束樂透業務時所做出的統計資料，新聞中說：「男性、四十歲到四十九歲、血型O型、巨蟹座等特質者中頭獎機率最高。」這是標準的客觀機率理論，但是可不像丟骰子這麼容易瞭解。可以想像，臺北富邦銀行是分析中頭獎者的一些基本資料，發現巨蟹座的人最多，也就是下列比率是最高的：

$$p = \frac{\text{中頭獎且屬於巨蟹座人數}}{\text{中頭獎人數}}$$

但讀者可以想一個問題：如果說，巨蟹座的人比較喜歡買彩券，買的人多，注數也多，當然中的人會較多，這樣我們還可以說：「巨蟹座中頭獎機率最高」嗎？

如果讀者還是不清楚，筆者再講一個例子，根據臺灣彩券的統計，樂透頭彩出現在臺北縣的次數最多，那麼我們是不是要說臺北縣是福地福人居呢？答案當然是否！這犯了倒因為果的毛病，因為臺北縣是大縣，人口數多，理當賣出的注數最多，既然賣出的注數最多，中頭獎的機率自然就高，這跟在哪邊買

彩券最幸運完全無關！如果我們真的要探討哪個縣市中獎機率最高，一個方法是計算：

$$p = \frac{各縣市中頭獎注數}{各縣市賣出注數}$$

同樣的，如果要知道巨蟹座中頭獎機率是否最高，那就必須研究：

$$p = \frac{巨蟹座中頭獎注數}{巨蟹座買的注數}$$

然後跟其他星座相比，看看是不是真的最高。不過臺灣彩券無法得到這麼詳細的數據，所以這種話題永遠只是主辦單位用來炒高買氣的手法罷了。

主觀機率

前文提到，有些事件甚至沒有歷史資料可以參考判斷，那麼沒辦法，就只好個人自由心證，拿捏出一個機率值。主觀的機率論是指事件發生的機率，決定於人們對發生此事件的相信程度，這種機率就沒啥標準，隨預測者自由心證，信口開河，說多少就多少，如地震學者預測未來 50 年再次發生七級以上地震的機率是 5 成，兩岸開戰的機率是 2 成等。

遛鳥俠的主觀機率

2004 年中，一個笑翻社會的長庚大學學生，因為認為美國職籃湖人隊將贏得總冠軍，因此與同學打賭，結果輸了必須脫褲子跑操場，博得「遛鳥俠」的美名；這就是他主觀的臆測湖人隊勝出機率較大。當然，重然諾的下場就是只得接受「留校

查看」的下場了。

主觀機率揉合客觀機率

單純的主觀機率並不多見，因為或多或少我們都會參考客觀數據後再決定主觀機率，這說明機率的形成是揉合主觀與客觀機率，綜合評估而成的。相信大家都會參考每天晚上的氣象預報，那麼預報中關於隔日下雨的機率，甚至在颱風季節也可看到中央氣象局做出颱風路徑預測，又是怎麼決定出來的呢？根據中央氣象局的說明：降雨機率是預報人員根據各種氣象資料，經過整理、分析、研判、討論後，預測出在某一地區及一定時段內降水機會的百分比；除了參考客觀的資料庫，還包括個人主觀的預測。此外，前美國聯邦準備理事會主席葛林斯潘認為，美國經濟未來一年的走勢興盛與衰退機率是二比一（2007年5月11日法新社），通常經濟學家預測時必定會參考客觀經濟數據，所以也不會是完全的主觀機率。

機率與固定頻率

最後，討論一個人們對機率最常誤解的地方，就是將機率誤會為固定頻率。比如說，擲筊出現聖筊的機率是二分之一，於是就描述成：「擲兩次會出現一次聖筊」。再者，中樂透機率是 1,300 餘萬分之一，以一週開獎二次來計算，如果每次都買一注，約需買 5 萬年，所以就說成「要買 5 萬年方可中頭獎」；或者有記者說，「若以每週開獎 2 次來計算，約要花將近 5 萬年的時間，『42 選 6』的所有號碼組合（524 餘萬組）就會全部開出一次」（東森新聞網 2002 年 2 月 28 日）。這種說法的問題在於失去變異的概念，事件發生成為可預測且固定模式發生（例如每 76 年造訪地球一次的哈雷慧星或是每 4 年一次的總統大選），

顯然跟我們討論的內容完全不同。

剉勒等

　　曾經有個笑話，某位醫師手術成功機率是十分之一，病患戰戰兢兢的問醫師：「手術會不會成功？」醫師笑著回答：「一定成功，因為之前九個病患手術都已經失敗了，剛好你是第十位病患⋯⋯」，希望這位病患聽了沒有暈倒！當然，醫師也是將機率和固定頻率給搞混了。

7

獨不獨立沒關係？

兩件事情毫不相干稱之為獨立。
事件是否獨立有些可從經驗邏輯判斷，
有些卻是來自我們的主觀判斷。

　　依照臺灣習俗請示神明時，遇到比較慎重的事情，擲筊必須連續三次都是聖筊才算數，那麼現在已經知道擲一次聖筊機率是二分之一，連擲三次都出現聖筊的機率又怎麼計算呢？要瞭解這個問題，就必須先瞭解獨立性的觀念。所謂獨立性，簡單來說就是毫不相干，比如說，你並沒有經過擲筊訓練，每次擲筊出現聖筊的機率都是二分之一，本次擲筊跟下次擲筊也毫無關聯。從另一個角度來看，不管你第一次是聖筊或不是聖筊，都不會影響到你第二次出現聖筊的機率。

乘法法則

　　由於有了獨立性，討論擲筊問題就相當簡單，相較於加法法則被用在求算複合事件機率，獨立性的討論則必須倚重乘法法則。怎麼說呢？比如說求算連擲三次都出現聖筊的機率，因為每次擲筊彼此獨立，所以我們只要將個別機率相乘就可以：

$$\left(\frac{1}{2}\right) \times \left(\frac{1}{2}\right) \times \left(\frac{1}{2}\right) = \frac{1}{8}$$

　　如果我們要問，三次擲筊，一次聖筊都沒有的機率是多少？那自然是連三次都不是聖筊，其機率一樣也是：

$$\left(\frac{1}{2}\right) \times \left(\frac{1}{2}\right) \times \left(\frac{1}{2}\right) = \frac{1}{8}$$

　　這個原則的由來其實必須先瞭解後文要介紹的條件機率才能完整交代，但因為它的應用太過廣泛且相當直覺，我們在這邊先介紹它的基礎，相信讀者應不難體會。

獨立性的聯集定理

擲筊三次，除了連續三次聖筊或連續三次非聖筊，還有其他各種情形，一次聖筊或二次聖筊等等，所以如果我們要問：至少出現一次聖筊的機率是多少？這問題的求解有一些技巧，稱為獨立性的聯集定理。至少出現一次，就是將一次、二次與三次的機率相加，但這太麻煩了，另一個計算角度就是 1 減去全非聖筊的機率：

$$1 - \left(\frac{1}{2}\right) \times \left(\frac{1}{2}\right) \times \left(\frac{1}{2}\right) = \frac{7}{8}$$

我們在日後經常會處理「至少」的情況，包括出現外星生物的機率，等於外太空中至少有一顆星球有生物的機率。應徵 10 家公司，找到工作的機率等於至少有一家錄取的機率，或者就是 1 減去 10 家通通拒絕的機率。買大樂透彩券 5 張，中獎機率是至少有一張中獎的機率，或等於 1 減去 5 張通通槓龜的機率，我們在後文中都會廣泛應用這個觀念。

老外爐主

接著再次應用獨立性來討論一個有趣的問題，根據報載：

萬華地區最具地方性色彩的廟宇「艋舺青山宮」選出爐主的方式是看誰擲出最多的聖筊，誰就當爐主。而去年竟然是由一位法國駐台代表處官員阮青年，在連擲十五次「聖筊」下榮膺青山宮創建百年以來的首位外國籍爐主，令地方人士嘖嘖稱奇。（資料來源：中時電子報 2007 年 11 月 29 日）

那麼，擲出 15 個聖筊的機率是：

$$\left(\frac{1}{2}\right) \times \left(\frac{1}{2}\right) \times \left(\frac{1}{2}\right) \cdots \times \left(\frac{1}{2}\right)^{15} = \frac{1}{32,768}$$

難度相當高，信徒們認為這是神的旨意，信徒不分國籍，可見連神明都很有國際觀呢！

獨立不獨立？

事件是否獨立有時候是出自我們的主觀認定，有些從經驗和邏輯上都可以接受，但不見得每次獨立與否都很容易判斷，例如有人就覺得生男生女跟體質有關，絕非二分之一，前後胎也不獨立。又或者籃球選手每次投籃命不命中是獨立嗎？我們常有某人「手風正順」的形容詞，顯然我們不認為獨立。不僅如此，在棒球界，甚至有「比賽從九局下半二出局後才開始」的說法，因為常見二出局後連續得分，反敗為勝，一些統計學家將這種連續得分的現象稱為「自我肯定效應」（self-affirmation），認為這種前後得分不再如過去將每個得分都視為獨立事件的作法，在計算機率時也較為複雜。

8

歹路不可行——下下籤的機率

到廟裡拜拜，順便抽個籤詩，問問自己今年運勢，
是台灣人的重要習俗。
就連小偷也不例外！
到底他抽中下下籤的機率有多高？

抽到下下籤的机率只有 $\frac{1}{680}$
嘿嘿~今年應該會大豐收吧！

衰神

籤筒

Wendyma

作奸犯科，歹路不可行啊！舉頭三尺有神明

到廟裡拜拜，順便抽個籤詩，問問自己今年運勢，是臺灣人的重要習俗。每家廟宇的籤詩都不一樣，通常也需要有專門人員幫我們解讀籤詩，雖然靈驗程度見仁見智，但是大家總是寧可信其有。

很多通緝犯都喜歡到廟裡抽籤，或許在鑄下大錯之際，仍然良心未泯，神奇的是，抽到的籤詩總是暗示著這些誤入歧途的人懸崖勒馬，可見得舉頭三尺有神明絕非虛言。但除此之外，記者總喜歡沒事找事做，自行添油加醋一番，例如以下這則新聞他們就算出下下籤的機率是 1,680 分之一，這是怎麼得到的？

做壞事・衰神上身
要抽下下籤機率 **1,680** 分之一。廟祝：因果事在人為

> 第十三首
> 伏羲八卦最精靈
> 六十甲子排五星
> 暗室虧心天地見
> 舉頭三尺有神明

警方逮到一名女油蟲，發現她在被捕前在高雄一間福德祠抽中了一支下下籤，到底一支下下籤要多少的機率才會抽得到？其實這一間福德祠的運籤筒裡，總共只有 28 支籤，每一支籤又有吉跟凶的可能，要抽到下下籤的可能性，機率是 1,680 分之一。

從籤筒裡 28 支運籤當中，隨機抽出來一支籤，能不能決定就是這一支運籤，第一關得先通過神明三個聖筊的考驗，連續三個聖筊決定信徒抽出的籤詩，要知道自己抽的籤詩是好籤還

是壞籤，還得仔細看看每張籤詩上頭細分的 10 個區塊，像是財運、婚姻、功名、家庭等等，每個人所求不同，而每個區塊還有大吉、中吉、小吉、不利、不吉和大凶的分別，要抽到全部都是最壞的籤詩，這機率只有 1,680 分之一。（資料來源：東森新聞報 2007 年 4 月 16 日）

我們知道，抽中一支有效的籤必須經過幾個程序，先向神明說明來意，看是要問財運或人和等，然後抽一支籤，接著擲筊，連三次聖筊才是神明同意你抽的籤是正確的，接著找到籤上你要問的項目，這其中就有大吉、中吉、小吉、不利、不吉和大凶的分別。

大鍋炒

筆者猜測，這 1,680 分之一之這樣算的：假設 28 隻籤中只有一支在時運一欄有大凶，然後每張籤詩上頭細分的 10 個區塊，每個區塊有可能有大吉到大凶等 6 種可能，所以記者就把所有數字攪在一起，得到以下機率值：

$$\left(\frac{1}{28}\right) \times \left(\frac{1}{10}\right) \times \left(\frac{1}{6}\right) = \frac{1}{1,680}$$

但筆者認為這似乎不符合統計原理，記者只是把看得到的數字放到分母，一股腦的乘起來，反正大家看過就忘，也沒人會去在意。如果我們分析抽籤詩的幾個步驟：那位通緝犯要求的是時運籤，則應該先把所有籤詩調查一次，看看 28 支籤詩中的時運屬大凶的有幾支，假設只有二支，抽到之後還要擲筊三次都是聖筊才算數，而這幾個步驟彼此獨立，所以機率是：

$$\left(\frac{2}{28}\right) \times \left(\frac{1}{2}\right) \times \left(\frac{1}{2}\right) \times \left(\frac{1}{2}\right) = \frac{1}{112}$$

機率的確不高，當然，這是從科學的角度來看，從玄學的角度來說，既然神明有意奉勸通緝犯改過向善，那麼就一定會抽到這支籤的。

在這之前，報紙也曾出現一則跟卜卦有關的新聞，同樣也是不知所云：

文大研發卜卦機・信不信由你

不少年輕人喜歡卜卦知曉今日運氣，不過，你知道網站卜卦或抽籤詩其實常常只偏重某些內容，並不一定準確。為了改變這類謬誤，文化大學電機系學生及老師特別研發出「電子卜卦機」，讓八八六十四個卦及六個變爻，每一個出現的機率都相等，提供更為準確的吉凶預測。

文大電機系學生羅勝名、吳文勝、莊仲岳三人在系上教授李克怡指導下，針對抽籤網站進行測驗。他們根據大數法則，對每個抽籤網站做了上千次的測試，發現有兩個臺灣網站（各有一百支籤詩）、一個香港網站（有六十個籤詩），其籤詩抽到的機會非常不均等，某幾首籤詩會出現非常多次，另外幾首籤詩幾乎不出現。

由於這些網站未公布籤詩產生方式，因此無法得知其亂數計算模式，但他們依課程教過的「蒙地卡羅法」、「卡方檢定」知識，檢驗這些網站籤詩出現機率是否相等，發現卡方值已大到逼近完全不能採信的臨界值，因此確認這些網站的可信度大有問題。（中央日報 2004 年 6 月 8 日）

　　顯然，讓六十四個卦及六個變爻出現機率相等，跟提供「更為準確」的吉凶預測扯不上什麼關係，或者該說，這些學生洩漏了一個秘密，如果坊間出現啥提供籤詩的網站，或是手機算命軟體，應該都只是隨機跑出個籤詩給你，要你提供生辰八字只是虛晃一招，讀者以後就不必再花冤枉錢算命了。其實，如果真想算命，用 Excel 跑一個亂數抽樣就可以了。不過，在此筆者還是要提醒讀者，天助自助者，相信人定勝天，有信心、毅力和恆心才是成功的關鍵。

9

樂透狂想曲

常有人比喻中頭獎機率比被雷打中還低，
若那一天真被雷打到了，
那第一件事就是趕快去買張樂透吧！

　　由於樂透已經成為風靡大街小巷的新全民運動，藉由統計來一窺樂透堂奧也是本書的重點，我們將分幾個單元來談樂透，這邊首先當然還是算算得獎的機率。

一注中獎機率

　　大樂透頭彩是六個號碼都中，根據組合的觀念，49 個號碼取出 6 個共有 13,983,816 種組合（註釋 1），所以中獎機率為 $\dfrac{1}{13,983,816}$。

　　其他貳獎到普獎的中獎機率如下表（註釋 2）：

獎項	中獎方式	中獎機率
頭獎	6 碼完全相同	$\dfrac{C_6^6}{C_6^{49}} = \dfrac{1}{13,983,816}$
貳獎	中 5 碼及特別號	$\dfrac{C_5^6 C_1^1}{C_6^{49}} = \dfrac{6}{13,983,816}$
參獎	中 5 碼	$\dfrac{C_5^6 C_1^{42}}{C_6^{49}} = \dfrac{252}{13,983,816}$
肆獎	中 4 碼及特別號	$\dfrac{C_4^6 C_1^1 C_1^{42}}{C_6^{49}} = \dfrac{630}{13,983,816}$
伍獎	中 4 碼	$\dfrac{C_4^6 C_2^{42}}{C_6^{49}} = \dfrac{12,915}{13,983,816}$
陸獎	中 3 碼及特別號	$\dfrac{C_3^6 C_1^1 C_2^{42}}{C_6^{49}} = \dfrac{17,220}{13,983,816}$
普獎	中 3 碼	$\dfrac{C_3^6 C_3^{42}}{C_6^{49}} = \dfrac{229,600}{13,983,816}$
加總		$\dfrac{260,624}{13,983,816}$

　　所以中獎機率就是將頭獎機率加到普獎，不令人驚訝，這些機率加總起來只有 1.864%，換句話說，槓龜機率高達98.136%，說是「公益」彩券，還真是名副其實。

m 注中頭獎機率

　　而如果假設都是電腦隨機選號，就是每一注都有$\frac{1}{13,983,816}$的機率中頭彩，那麼槓龜的機率就是：

$$\left(1 - \frac{1}{13,983,816}\right)$$

則買了 m 注，每一注都不中頭獎之機率為：

$$\left(1 - \frac{1}{13,983,816}\right)^{m}$$

所以中頭獎的機率就是：

$$1 - \left(1 - \frac{1}{13,983,816}\right)^{m}$$

　　根據這個公式，我們可以求出某期槓龜的機率，例如大樂透第 56 期總投注數是 4,112,586 注，假設都是電腦隨機選號（雖然這個假設明顯不合），則槓龜機率就是：

$$\left(1 - \frac{1}{13,983,816}\right)^{4,112,586} = 0.745205$$

　　包牌：如果將全部 13,983,816 種組合買起來，那中獎機率一定是 1，但卻所費不貲，要花將近七億元，除非頭彩累積多期，且開獎後由一人獨得才划算。另一種包牌是彩迷們自己選好喜

歡的號碼，比如說 1、2、3、4、5、6、7、8、9、10，然後就用這 10 個號碼組合買彩券，共有 $C_6^{10} = 210$ 種組合，花費 10,500 元，假設頭獎號碼是 1、2、3、4、5、6，特別號 7，那不僅中頭獎，二獎也中，更有一堆大大小小的獎，真是滿載而歸。雖然令人羨慕，但讀者要注意，這是剛好讓他抓到中獎號碼才會出現，更多包牌客是連個邊都沒沾上，比如說頭獎號碼是 43、44、45、46、47、48，特別號 49，那就真的是做公益了。

「怪號」怪嗎？：從機率的角度來看，出現「1、2、3、4、5、6」或者「44、45、46、47、48、49」或者「1、12、14、37、42、49」的機率都一樣是 $\dfrac{1}{13,983,816}$，但要是出現前二者，民眾大概要懷疑是有人搞鬼。當然，即便不這麼「極端」，開出的號碼仍可能都集中在 24 以內，或是都是偶數等等，讓彩迷大呼不可思議，其實很多情況機率算出來還不低，這些都是直覺上造成的錯誤印象，我們可以舉幾個例子：

首先是號碼出現連號的機率（註釋 3），49 取 6 的大樂透會有連號的機率為 0.495198，也就是將近一半的機率出現連號，實在沒有必要大驚小怪。

而在 49 組號碼中，如果中獎的 6 組號碼全為「偶數」、「奇數」、全落在 1 到 24 號（小號）中或全落在 25 到 49 號（大號）的機率是多少呢？他們的算法相當類似，中獎的 6 組號碼全為「奇數」的機率為 0.012665，中獎的 6 組號碼全為「偶數」，的機率為 0.009625。

而中獎的 6 組號碼全小於 24 的機率是 0.009625，中獎的 6 組號碼全大於 24 的機率是 0.0012665。這些機率雖然不高，但也絕非小到不可思議，做為一個受過統計訓練的彩迷應該冷靜看待，不要以訛傳訛。

　　不要籤明牌：如果你經常光顧一些小報攤，往往有一些奇奇怪怪的小報，一份報紙只有二、三張，版面充斥奇怪術語，啥「獨門特殊九星局版路　雙尾全中」、「精華二中一孤碰版路報 3 中 1」，部分術語源自香港六合彩，也引來一堆人投注，但統計學告訴我們每個組合出現機率都相等，根本沒有明牌，也不可能讓你算出來下一期的號碼。而選明牌有個明顯的缺點，就是中獎機率並沒有提高，而就算真的中了，恐怕有幾千幾百個人跟你一起分享獎金。一個極端的案例是由金凱瑞領銜主演的「王牌天神」中，有一段內容是每個人都向上帝禱告希望中樂透，代理上帝職位的他不堪其擾，最後他讓每個人都完成願望，一堆人都中頭彩，但是可想而知頭獎獎金將被瓜分殆盡。

　　福地福人居？幸運之神有沒有眷顧某個縣市呢？根據台灣彩券的統計，到目前為止，台北縣（6）開出 6 次居冠，我們可以說台北縣是福地福人居嗎？買個彩券也要衝到台北縣買，其實不用的麼辛苦，認為台北縣是福地福人居是犯了倒因為果的錯誤。怎麼說呢？而當賣出的注數越多，理論上開出頭獎的機率也會越大。

　　集資：盛行於美國，通常是累積天文數字的頭獎，由集資公司募集資金購買彩券，一但中獎則眾人分食，所以其實分到的獎金都不高，但這只是在獎金跟中獎機率上做個取捨，畢竟獨資也許獎金高，但沒中也是枉然，不如小獎金先落袋為安。國內大樂透在連六槓、連七槓後就會出現包牌網站，發起「百人集資包牌團」，不過至今仍未有中頭獎的消息傳出。

　　電腦選號比較容易中獎？首先面對的就是要將命運掌握在自己手中，或是交由彩券機幫你抉擇？假設你今天只想買一注，要電腦選號還是人工選號？其實都一樣，因為每個組合出現的機率都一樣，但是如果你注意新聞，會以為電腦選號比較容易

中獎 (資料來源：中國時報 92 年 3 月 29 日)：

　　採用電腦選號可適度提升中獎率，北銀評估暫停電腦選號主要是為了增加摃龜機會，頭彩可以累積，買氣自然上升。

　　楊瑞東進一步指出，目前電腦選號比重約占六成，六億元的銷售量等於有三億六千萬元採電腦選號。換算每二億六千三百萬元的銷售額就能開出一個頭獎，與最近每期頭獎得主一到二名的實際情況相比，就能證明電腦選號果然保證每期都能開出頭獎，北銀樂透彩的銷售量就欲高不易。

　　文中「證明電腦選號果然保證每期都能開出頭獎」當然是純屬虛構，完全沒有隨機的概念，每期都有人電腦選號，也不見得每期頭獎都有開出，又文中還提到：「採用電腦選號可適度提升中獎率」，這種說法對嗎？其實這跟台灣人喜歡跟隨明牌有關。當一個彩迷只選一注，就像我們前面提到的，電腦選號跟人工選號機率一致。但當很多彩迷採人工選號，而他們又迷信明牌，往往選的號碼重複性很高，中獎機率當然會降低，所以要摃龜大家就一起摃龜，而電腦選號並沒有這個問題，所以台北富邦銀行才會在彩券出現低迷時，想要取消電腦選號，讓明牌「發威」，累積多期出現上億頭彩，自然人氣回籠。

　　比被雷打中機率還低？常有人比喻中頭獎機率比被雷打中還低，被雷打中的機率是所謂客觀的機率，每個地方的機率都不一樣，十萬分之一到百萬分之一都有人估計，以此做比喻難以深刻理解中頭獎的難度，我們以身邊唾手可得的硬幣為例，假設投擲硬幣一次是人頭的機率為 $\frac{1}{2}$，連續投擲兩次均為人頭的機率為 $\left(\frac{1}{2}\right)^2$，那麼如果投擲投擲 n 次均為人頭的機率相當於

中頭彩的機率，n 大概要多少呢？那就是以下式子要成立：

$$\left(\frac{1}{2}\right)^n = \frac{1}{13,983,816}$$

算出來 n 介於 20 到 21 間。意思是說，中頭獎的難度約等同於你投擲一枚硬幣 20 次，而次次都是人頭，讀者有興趣可以試試看難度到底有多高。不過，如果哪天讀者還真的連續擲出 20 次的人頭，可別興奮的跑去買彩券，以為必中無疑，不要忘了，丟銅板跟買樂透是獨立事件，但一般人可能不會這樣認為。根據報導（2007/04/24 東森新聞報），在宜蘭蘇澳有一名船長，7 年前出海時被雷擊中一次，沒想到 4 月 22 日出海，又再被雷打到，幸虧人平安無事，只有漁船受損，鄰居們則認為船長洪福齊天，搶著跟他合資買樂透，以為中獎機率高，這件事後來就沒有再登上版面，應該是沒買或是買了幾次都沒中。被雷打中還真是難得的經驗，但是可不代表買樂透就一定會中，因為它們也是獨立事件。

【註釋】

【1】：其計算公式為：

$$C_6^{49} = \frac{49!}{6!(49-6)!} = \frac{49 \times 48 \times \cdots \times 1}{6 \times 5 \times \cdots \times 1 \times (43 \times 42 \times \cdots \times 1)}$$

$$= 13,983,816$$

【2】：我們只簡單介紹貳獎跟參獎的機率計算想法，其餘讀者可以類推。中貳獎必須你的號碼中有 5 個跟頭獎號碼一樣，另一個跟特別號一樣，所以任六個號碼取出 5 個的組合是 C_5^6，而最後一個要跟特別號相同，只能是 C_1^1，所以共有種 $C_5^6\, C_1^1$ 組合，

因此最後中獎機率就是：

$$\frac{C_5^6 C_1^1}{C_6^{49}} = \frac{6}{13,983,816}$$

而參獎就是中 5 碼，就是 6 個頭獎號碼中中 5 碼，至於最後一個必須從頭獎 6 個號碼跟特別號以外的 42（49-6-1=42）個號碼中抽出，所以共有 $C_5^6 C_1^{42}$ 種組合，因此中獎機率就是：

$$\frac{C_5^6 C_1^{42}}{C_6^{49}} = \frac{252}{13,983,816}$$

【3】：在此我們就直接列出連號公式，不詳細講解，在 n 取 r 的樂透彩中，會有連號的機率為：

$$1 - \frac{C_r^{n-r+1}}{C_r^n}$$

所以 49 取 6 的大樂透會有連號的機率為：

$$1 - \frac{C_6^{49-6+1}}{C_6^{49}} = 0.495198$$

而在 49 組號碼中，如果中獎的 6 組號碼全為「奇數」，就是 49 個號碼中的 25 個奇數挑出 6 個，機率為：

$$\frac{C_6^{25}}{C_6^{49}} = 0.012665$$

類似的，中獎的 6 組號碼全為「偶數」，是 49 個號碼中的 24 個偶數挑出 6 個：

$$\frac{C_6^{24}}{C_6^{49}} = 0.009625$$

而中獎的 6 組號碼均小於 24，就是 1 到 24 的號碼中挑出六個，機率有：

$$\frac{C_6^{24}}{C_6^{49}} = 0.009625$$

而中獎的 6 組號碼均大於 24，就是從 25 到 49 的號碼中挑出 6 個：

$$\frac{C_6^{25}}{C_6^{49}} = 0.012665$$

10

發票雞肋說

有人形容發票是「食之無味，棄之可惜」，
之所以說食之無味，是因為中獎率低，
而棄之可惜是每天都拿這麼多發票，丟掉總是可惜，
也許還可中個 200 元，買買飲料，聊勝於無。

在一般民眾的日常生活中，關於中獎的經驗，除了樂透最吸引人之外，統一發票是另外一種全民運動。根據報載，一位瑞芳鎮婦女到郵局兌換 200 元發票，不料郵局職員發現該發票其實是中了頭獎 20 萬元，原來大家都只習慣對後三碼，難怪沒發現中頭獎。不過話說回來，頭獎才 20 萬元，也實在少得可憐，有人形容發票真是「食之無味，棄之可惜」，之所以說食之無味，是因為中獎低率很低，第一特獎的中獎機率甚至低於大樂透的頭彩，而且才 200 萬元；而棄之可惜是每天都拿這麼多發票，丟掉總是可惜，也許還可中個 200 元，買買飲料，聊勝於無。

食之無味·棄之可惜

那麼發票的中獎機率怎麼計算呢？拋開組合排列的想法，土法煉鋼也可以完成，我們以 96 年 5、6 月的統一發票開獎號碼為例：

獎別	中獎號碼	獎金
特獎	28179328	200 萬元
頭獎	18220444、26888640、37661297	20 萬元

要中特獎，必須一字不差完全相同，所以中獎機率相對單純，我們的發票數字可能從 00000000 到 99999999 共一億種組合，所以數字要剛好是 28179328，機率只有 $\frac{1}{100,000,000}$。平常沒啥在注意，一算還嚇一跳，機率竟然低到一億分之一，比中大樂透頭彩還難！且獎金不過 200 萬，果真是食之無味啊！

至於中頭獎的機率計算方式跟特獎一樣，但因為它有三組號碼，任一個相同就可以，加上三個號碼是互斥的，所以機率

是：

$$\frac{1+1+1}{100,000,000}=\frac{3}{100,000,000}$$

至於貳獎就比較複雜些，必須後七位數字跟頭獎號碼一樣，我們可以直接寫下所有中貳獎的號碼，以 18220444 這組為例，如下表所示。

所以每一組中獎機率有 $\frac{9}{100,000,000}$ ，總共有三組號碼，所以中貳獎的機率是 $\frac{27}{100,000,000}$ 。

至於中參獎又更複雜，但計算方式倒是雷同，中參獎要求後六位數字相同，玄機還是在頭二個數字，下表我們辛苦的列出所有可以中參獎的號碼，也就是頭二位數字□□從 00 寫到 99，但記得扣除已經中頭獎（如 18）或貳獎的號碼（如 08），數一下共有 90 個號碼符合，所以中獎機率是 $\frac{90}{100,000,000}$ ，總共中參獎的機率是 $\frac{270}{100,000,000}$ 。

貳獎	參獎			
08220444	00220444	26220444	53220444	79220444
28220444	01220444	27220444	54220444	80220444
38220444	02220444	29220444	55220444	81220444
48220444	03220444	30220444	56220444	82220444
58220444	04220444	31220444	57220444	83220444
68220444	05220444	32220444	59220444	84220444
78220444	06220444	33220444	60220444	85220444
88220444	07220444	34220444	61220444	86220444
98220444	09220444	35220444	62220444	87220444
	10220444	36220444	63220444	89220444
	11220444	37220444	64220444	90220444
	12220444	39220444	65220444	91220444
	13220444	40220444	66220444	92220444
	14220444	41220444	67220444	93220444
	15220444	42220444	69220444	94220444
	16220444	43220444	70220444	95220444
	17220444	44220444	71220444	96220444
	19220444	45220444	72220444	97220444
	20220444	46220444	73220444	99220444
	21220444	47220444	74220444	
	22220444	49220444	75220444	
	23220444	50220444	76220444	
	24220444	51220444	77220444	
	25220444	52220444		

至於其他肆獎以下的分析雷同，只需注意扣除之前已經中

獎的號碼，下表列出完整的各獎項中獎機率：

獎項	中獎機率
特獎	0.00000001
頭獎	0.00000003
貳獎	0.00000027
參獎	0.0000027
肆獎	0.000027
伍獎	0.00027
陸獎	0.0027

愛注意喔！

根據筆者的教學經驗，很多學生都這樣計算：比如計算普獎，只需末三碼號碼□□□相同，所以從 000 到 999 共一千種組合，中獎機率就是 $\frac{1}{1,000}$，而共有三組號碼，所以機率總共是 $\frac{3}{1,000}$。這個數值跟我們算出來的很接近，但終究還是錯的，錯的原因是沒有考慮到頭獎到伍獎重複的號碼。

加碼！

每到歲末年終，賦稅署總是扮演聖誕老公公，增加 1 組或 2 組統一發票 200 元的中獎組數，根據賦稅署的說法，每增加一組就增加千分之一的機率，這又是怎麼算的？

假設增加一組號碼為99999999。這組號碼只用來對第陸獎，所以只要你的號碼是□□□□□999，都可以中200元，而□的數字可以從00000到99999，共有100,000種可能，所以中獎機率是：

$$\frac{100,000}{100,000,000} = \frac{1}{1,000}$$

11

香腸伯的統計學

香腸伯的彈珠檯為何總能穩賺不賠？
是香腸伯真的懂統計學嗎？

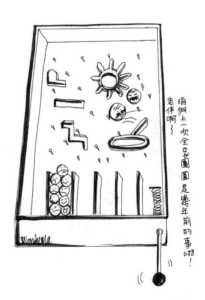

在年少無憂無慮的童年生涯，學校下課的第一件事情當然不是回家溫習功課，而是光顧學校側門口的香腸伯攤位。香腸伯年過六旬，和藹可親，總是與學生們打成一片。

童蒙遊戲現機鋒

會被叫做香腸伯，是因為他的烤香腸堪稱臺灣第一味，香噴噴的香腸，可以直接買，可以玩擲骰子比大小，也可以玩彈珠臺。彈珠臺的玩法是將珠子彈出，珠子滑落在機臺底部，標誌著數字的欄位，隨著珠子落點的分布可以有不同的獎項，比如說全部落在一個欄位可以免費吃一年的香腸，如果彈珠平均位在每個欄位則可以免費吃一個月的香腸，而最常見的是參差不齊，有的欄位二個或三個，有的一個，也有的欄位沒有珠子，當然這就是銘謝惠顧，下次請早了。

處處留心皆學問

筆者剛開始玩覺得奇怪，彈珠平均位在每個欄位難道會很難嗎？但隨著玩的次數增加，慢慢發覺香腸伯的規則還真是有玄機，因為筆者從沒有彈珠都在同一欄位，也不曾平均分配在每個欄位過，這也意味著機率甚低。筆者曾經探詢香腸伯這規則的原由：

小毛頭：阿伯啊，你這規則真神，怎麼設計出來的？

香腸伯：阿就憑經驗啊，我賣了 30 年香腸，記憶中只有一、二個人平均分配在 10 個欄位，而從來沒有人能在同一欄位，應該是真的很難啦。

小毛頭：喔，是這樣喔，以後長大我一定會好好讀書研究為什麼會這樣。

香腸伯：哈哈，真是好孩子。

　　沒想到香腸伯成了筆者統計學的啟蒙恩師，在多年後的高中數學課，筆者終於遇到多年前的機率問題，對於始終沒吃到香腸伯免費一年香腸的遺憾才巧然而釋，因為機率還真不是普通的低呢！我們可以稍加計算一下，假設有 10 個欄位，且假設珠子是隨機滑入各個欄位，那麼每個欄位中各恰有一珠子的機率為：

$$\frac{n!}{n^n}$$

　　這公式我們就省去證明，10 顆珠子要 10 個欄位各有一顆的機率為 0.00036288，而各種空欄位數跟其機率列在下表中：

空欄位數	機率	難度排名
0	0.00036288	3
1	0.0163296	5
2	0.13608	8
3	0.3556224	10
4	0.34514424	9
5	0.1285956	7
6	0.01718892	6
7	0.00067176	4
8	0.000004599	2
9	0.000000001	1

無師自通

可以看出，有 3 個欄位是空的機率最大，而平均分配在各

欄位的機率甚低，只高於珠子集中在 3 個欄位以下，珠子集中在同一個欄位幾乎不可能，機率只有 $\dfrac{1}{1,000,000,000}$。事實上，筆者相信香腸伯應該不懂機率，但可以從日積月累的經驗中察覺哪一種情況的機率最低，然後決定該給哪種獎品，這又是一個客觀機率跟主觀機率相互結合的好例子。而這個例子告訴我們，「平均」有時候未必是最常見的，怎麼說呢？比如你每天接到電話，有時好多通，有時只有二、三通，但幾乎很少「每天都一通」吧！

　　10 顆球平均分配到各欄位的機率都低到萬分之三了，還記得我們提過一位東森記者報導：「若以每週開獎 2 次來計算，約要花將近 5 萬年的時間，『42 選 6』的所有號碼組合（524 餘萬組）就會全部開出一次。」這問題也可以應用上述方式解讀。小樂透有 5,245,786 種組合，類似有 5,245,786 個欄位，然後隨機開出一次頭彩類似彈出一顆珠珠，共彈出 5,245,786 個珠珠，則全部開過一次就是每個欄位都有珠子，讀者可以自己計算，這已經是宇宙超級無敵霹靂的低，當然機率不等於 0 就還是有機會發生，但記者「就會全部開出一次」的說法則一定是錯的。

12

槓·槓·槓·槓·槓·槓（回音）

連續六期頭獎摃龜，
大家都期待自己是第七期頭獎的幸運兒。
問題是，第七期摃龜的機率有多高呢？
這跟「連續七期摃龜」的機率是一樣的嗎？

對所有彩迷來說，多期摃龜之後累積的高額獎金最令人心動，往往投注金額暴增，大家縮衣節食也要賭他一把，這時候樂透主辦單位也會出來煽風點火一番，更讓彩迷瘋狂投注。在2004年8月間，大樂透自第56至61期，首度連續六期頭獎摃龜，於是大家都期待自己是第七期頭獎的幸運兒。問題是，第七期摃龜的機率有多高呢？這跟「連續七期摃龜」的機率是一樣的嗎？

我們先來看看素有彩券先生，當時擔任臺北銀行協理的楊瑞東先生的說法：

北銀協理楊瑞東表示：依統計來看，大樂透「連七摃」的機率不到百分之二。換言之，如本期投注量達十三億元以上，且彩迷選號較平均分布，使得全部投注的號碼組合「覆蓋率」接近百分之百的話，明晚開出頭獎的機率相當大。

大樂透「連六摃」機率低於百分之五，結果上期還是出現「連六摃」。因此只要大樂透一千三百九十八萬多種號碼組合沒有全部被彩迷投注，即使機率非常低，也不能說完全沒有機會出現「連七摃」。（資料來源：聯合報2004年8月4日）

到底怎麼算出連七摃的機率沒人知曉，倒是後來在2006年底又出現一次連八摃，記者估算「連九摃」發生的機率只有千分之六，計算方法則是：

以大樂透的開獎次數三百一十一次當分母，有兩次連九摃當分子，「連九摃」的發生機率是千分之六點四三，不到百分之一。（資料來源：中廣新聞網2006年12月27日）

　　這個方法當然只是搏君一笑，沒有任何理論根據，但要完全正確計算連幾槓機率倒也真不是易事，主要原因是一些資訊無從取得，我們只能給出一些假設，依循正規方法計算出最符合統計概念的數字。首先就是假設彩迷都是隨機選號，根據前文介紹槓龜的機率公式為：

$$\left(1 - \frac{1}{13,983,816}\right)^m$$

　　因此給出第 56 到第 62 期的總投注數可以得到各期槓龜的機率，如下表所示，而由於各期互相獨立，可以計算連 7 槓的機率，例如，從第 56 期到第 62 期槓龜的機率就是：

期別	總投注數	槓龜機率
56	4,112,586	0.7452
57	4,601,198	0.7196
58	5,917,595	0.6550
59	6,097,816	0.6466
60	8,582,570	0.5413
61	19,135,676	0.2545
62	52,854,165	0.0228

$0.7452 \times 0.7196 \times 0.6550 \times 0.6466 \times 0.5413 \times 0.2545 \times 0.0228$
$= 0.0007131$

　　但就記者的說法，我們更好奇的應該是第 62 期開出頭獎的機率，由於該期總投注數高達 52,854,165 注，所以槓龜機率是：

$$\left(1 - \frac{1}{13,983,816}\right)^{52,854,165} = 0.0228$$

　　機率這麼低跟前幾期槓龜當然沒關係，而是因為累積龐大獎金導致投注數相當驚人。而一個密切關聯的問題是，在第 62 期實際有二位頭彩得主，會不會很誇張？在這邊，頭彩得獎數目受到兩股力量拉扯，一是中獎機率很低，二是投注數卻很驚人，此兩股力量背道而馳。在後文我們會在介紹「期望值」時提及。

13

機率心法

大凡武功修練都有基本心法，此心法乃修練根基，
其他招式都必須立基在此之上，
同樣的，不論機率怎麼計算，也都必須符合機率的心法。

機率的公理體系

大凡武功修練都有基本心法，此心法乃修練根基，其他招式都必須立基在此之上；同樣的，不論機率怎麼計算，都必須符合機率的心法，否則儘管招式再怎麼花俏也是白搭。瞭解心法的最大好處是，我們可能會遇到奇奇怪怪的各種機率論述，計算過程搞得頭昏眼花，但只要掌握好機率的幾個基本原則，仍可以初步排除搞錯機率的困窘。

機率心法三要件

1. 首先，機率必須介於 0 到 1 之間

1 當然是鐵定發生，0 是不可能，其他是可能發生但不確定，如果遇到機率大於 1，那保證是哪裡搞錯了。當然，如果男友（女友）告訴你永不變心的機率是百分之二百，也不見得他不懂機率心法，只是加強語氣要妳相信他不會變心。而機率是 0 意味著不可能發生，例如擲骰子出現點數 7。以上是追求嚴謹定義的陳述，但我們日常生活中的語彙並沒有這麼嚴謹，通常機率很低就被形容為不可能，但不要忘了，只要不是 0 就有可能發生，例如臺灣有句俚語：「阿婆生子」，被指為不可能的任務，阿婆生子當然機率不高，但其實高齡產子並不是絕不可能。近一、二年臺灣幾個知名企業家被爆出在外偷腥，冒出個私生子又不認帳，所以只好對簿公堂驗 DNA，一般說來親子鑑定準確度高達 99.9%，但還是有那麼個 0.1% 機率搞錯，不過一般法官會就此確認生父，即便準確度沒有 100%。

機率是高或低有時也是相對的解讀，機率七十五分之一是高或是低？這涉及到事件的嚴重性，如果是下雨機率七十五分之一，這太低了，懶得鳥他，因為就算下雨也不會怎樣，但如果是隕石撞擊地球的機率呢？那可不得了。2007 年的 12 月 22

日，新聞標題（中國時報）寫著：「1／75 機率1月底小行星撞火星」，內文則告訴我們「發生機率大到異乎尋常」，這是因為過去星體碰撞機率都是百萬分之幾計算，事實上，只要高到千分之一，就會讓科學家皮皮剉，因為一旦發生，後果將是毀滅性的。

2. 互斥事件聯集的機率等於個別事件機率的和

在眾人猜測美國聯邦準備理事會是否調降利率之際，東森新聞臺 2007 年 12 月 11 日的新聞打出以下字幕：

降息一碼機率 100%
降息二碼機率 20%

降息一碼就不會降息二碼，所以兩者為互斥事件，而二者加起來為 120%，顯然是不符合機率的心法。

3. 樣本空間的機率等於 1

如果找出來的樣本空間所有出象機率和大於 1 或小於 1，也一定是搞錯了。臺灣眾所矚目的馬英九特別費案，由於結果可能影響股市走向，分析師提出幾種可能：

法人評估馬英九二審宣判擬定 3 套對策

……谷月涵在出具給旗下客戶的報告中指出，馬英九二審無罪的機率為 50%、判刑十年以下的機率為 45%、判刑超過十年則為 5%，其中，只有第三種情況國民黨才必須換人參選，至於前兩種情況，馬英九仍是國民黨總統參選人。（資料來源：工商時報 2007 年 12 月 20 日）

讓我們歸納一下：

馬英九被判無罪的機率：50%

馬英九被判有罪的機率：50%

其中，有罪的部分：

馬英九被判十年以上徒刑的機率：5%

馬英九被判十年以下徒刑的機率：45%

當然，這幾個出象構成樣本空間，加起來一定要等於 1。

14

賭徒韋小寶

話說賭徒韋小寶什麼大風大浪沒見過！
各行各業，做過！
三妻四妾，娶過！
賭盤連開 24 記大，見過！

讀小說也可以學統計！

在金庸的鹿鼎記第三十三回「誰無癇疾難相笑・各有風流兩不如」中，有一段有趣的描述：話說韋小寶護送建寧公主離開雲南……，途中因御前侍衛賭錢而橫生枝節，原來御前侍衛跟人賭骰子大小，對方竟一連開了十三記大，侍衛都覺得，下一次非開小不可……」，結果槓龜，又是開大，侍衛們認為莊家詐賭想反悔，但反遭人毆打，回來稟報韋小寶。文中提到韋小寶知道後笑罵：「他媽的，你們這批傢伙不要臉，明明輸了卻去撒賴，別說連開十四記大，就是連開二十四記，我也見過。」

平均數定律

多數人會認為一連開了十三記大，第十四記總該出現個小了吧，但還記得我們提到的獨立性嗎？擲骰子前後兩次是不相干的，出現大或小的機率都還是二分之一，所以即便已經開了十三記大，擲出第十四次，骰子並沒有記憶，所以不會出現「小」來平衡一下，而這種誤解稱為「平均數定律」（law of averages），雖稱為定律，但其實是錯的。當然，從長期的角度來看，出現大或小的機率還是會趨近於二分之一。

現在我們已經知道，御前侍衛就是陷入錯誤的平均數定律而不自知，而市井無賴韋小寶多半不懂統計學，但倒是沒有陷入平均數定律的陷阱呢！

筆者教過很多學生，他們對平均數定律雖然可以理解，但總還是覺得怪怪的，甚至會直接問：「老師，已經出現十三記大，難道第十四記你不會押小？」或者問：「如接著小的次數不多一點（機率高一點），如何在多次累積之後大跟小出現次數趨於相同？筆者必須承認，平均數定律真的很符合人們思維直覺，因此要糾正這個錯誤並不容易，要跳脫這個迷思，一定要忘了前

幾次都是開大這件事，因為當你要下注離手時，這件事早已發生，不影響接著開大或開小的機率。

很多人的想法是這樣的，在開了十三記大之後，你想十四記應該是開小，所以你賭開小，不料還是開大，你不信邪，又賭第十五次開小，真是不幸，它又開大，就這樣賭下去，最終在第二十次終於出現小了，於是你一吐怨氣，炫耀的說：「看吧，看吧，我就說開小的機率比較大！怎麼樣！怎麼樣！」事實上你用不著炫耀，會出現小不是骰子刻意要平衡一下，也不是開小機率變大，而是本來出現小的機率也有二分之一啊！它會出現不足為奇，只是很多人都會有終於被我等到的感覺，因而錯誤放大出現的機率。

至於從長期來看，兩者出現次數比例趨於相等跟下一次出現大或小的機率相等是兩回事，但是看起來的確很容易混淆。事實上，當你賭氣賭開小，它就是還開大，當你終於臣服賭開大，它就開小，這剛好可以用莫非定律（注釋1）來形容，直到你想算了，不玩了，隔好一陣子再來觀察，發現開小的次數在不知不覺中迎頭趕上，才感嘆機率真是顛撲不破的真理。

再一個問題是，在這個賭局中，連開十四記都是大的，賭客喧嘩抗議：「我們在別的地方賭，十四次好歹也有七次點數為大吧！」於是莊家宣稱，他的骰子是沒有問題的，因為，根據獨立性，連開十四記都是大的跟「十四次中有七次是大」的機率一致。不信的話，莊家當場賣弄他的統計專業，直接算給你看。莊家拿起筆寫下下列二種狀況，都是擲骰子十四次，其中狀況二有七次是點數為大。

狀況一：大大大大大大大大大大大大大大

狀況二：大小大大大小小大大小小大小小

根據獨立性，第一種情況機率是 $\left(\frac{1}{2}\right)^{14}$，莊家有條不紊的解釋著。啜了一口冰啤酒後，莊家接著說，第二種的機率計算是 $\frac{1}{2}$，第一記開大的機率是，第二記開小的機率仍是 $\frac{1}{2}$，如此這般……，最終第二種情況出現的機率依然是：

$$\frac{1}{2} \times \frac{1}{2} \times \cdots = \left(\frac{1}{2}\right)^{14}$$

沒學過機率的賭客聽的一愣一愣的，還道是自己小人之心度君子之腹，但卻沒想到其中的陷阱。莊家對第二種狀況的機率計算是正確的，但是「十四次中有七次是大」等同於莊家列出的第二種狀況嗎？的確，第二種狀況也是十四次中有七次是大的，但這只是其中的一種，不信的話，筆者可以再列出二種情況，也是十四次中有七次是大的：

小大大大大小大小大小小大小小

大小大大小大大小小大小小大小

事實上，這種組合共有 3,432 種，所以「十四次中有七次是大」的機率要遠大於 $\left(\frac{1}{2}\right)^{14}$（註釋 2），莊家只是魚目混珠，騙騙不懂機率的人。

最後，我們回到韋小寶的故事中，雖然我們已經說過，御前侍衛在對方一連開了十三記大後，都認為下一次非開小不可，這是掉到平均數定律的陷阱。不過，在第十四次開出大之後，御前侍衛的鬧事有沒有道理呢〈也就是莊家有沒有詐賭啦！〉這個問題跟一連開了十三記大，下一次開小機率為何是不同的問題，必須整體考量每次的出象跟對應機率。

首先來看看發生這樣的事，機率有多高吧！簡單屈指一算，

乖乖，機率低到 $\left(\frac{1}{2}\right)^{14}$，這情況真的罕見，不過罕見只是發生機率小，還是有機會出現，只是你會想怎麼就給我遇上了？所以另一種可能就是該骰子有問題，比如說，該骰子被灌過鉛，出現點數為大的機率高達 99%，則連續十四記的點數大機率是，$\left(\frac{99}{100}\right)^{14}=0.869$ 要遇上的機會就高多了。那麼到底是哪一種呢？老實說，機率無法回答這個問題，這只能把骰子拿來解剖驗證一番才能知曉，但御前侍衛的情緒反應是可以理解的。大致上來說，擲 14 次骰子，應該要出現 7 次、6 次或 8 次的大是比較正常（註釋 3）。

名為一千零二十四分之一的一本書

擲骰子賭輸，頂多就是財去人安樂，沒啥影響，但同樣是平均數定律，有些人與事卻是令人刻骨銘心：

生男生女統計學‧連生十千金‧個個勝鬚眉

為了傳宗接代、求得一子，今年六十三歲的婦人葉曾錦廿年連生十個女兒，她為此曾在暗夜裡痛哭哀嚎，甚至發過癲癇，沒想到丈夫仍然外遇生下一個男孩；昨天這位飽受傳統觀念羞辱的媽媽在九個女兒陪同下參加高市一場聚會，她自豪的說「生女無罪」，因為女兒們都是老師、牧師、檢察官、醫生，個個傑出、孝順。

連續生十個女兒的機率是「一千零二十四分之一」，葉家大女兒葉春幸就以此為名寫了一本書，記誌一個女人及她的九個姊妹，寫著自己六十三歲的老母葉曾錦，在分娩的同時痛哭，其中不純然因為肉體疼痛，而是壓在心頭千斤重擔，無法逃脫的壓力，緊緊遭傳統觀念束縛，所造成的自我否定。（資料來源：

自由時報 2005 年 5 月 23 日）

　　不孝有三，無後為大，不少人都有傳宗接代的壓力，但生男生女也是機率問題，不能隨心所欲，想生男就生男。目前的醫學研究仍認為沒有證據顯示婦女體質會導致生男機率高，或生女機率高，都還是一半一半的機會；當然，前後二胎也是獨立的，也就是沒有記憶，不會前五胎都生女的，第六胎就必須生個男孩來平衡一下，所以連生十個女孩的機率是：

$$\left(\frac{1}{2}\right)^{10} = \frac{1}{1,024}$$

　　關於生男生女的問題，我們在後文有相關的延續，在此先講一個跟求子心切的婦女有緊密關聯的新聞：

吃鈣生男‧缺乏嚴謹臨床報告‧衛署認有違法之虞
　　一家業者今天引進一種鈣片，號稱婦女連續吃三個月，就有九成機會生下男孩，還找來婦產科大老推介這種產品。衛生署表示，沒有看過鈣片可助生男的正式醫學報告，業者以食品為名，進行似有「誇大不實」的宣導，有誤導社會大眾之嫌。……
　　在代理商提供的資料中，這種鈣片真有助人生男的神奇功效，資料中有日本四家醫院報告，而在一九五九年的名古屋大學，有三十九名婦女服用此鈣片，100% 全生男嬰。（中時晚報 2003 年 8 月 18 日）

　　哇，真的假的？39 位婦女都生男生，那機率有多低呢？雖然不同於一位婦女連生十個女兒，但同樣都是利用獨立性的觀念，不同婦女生男生女理當互不相干，所以可以得到：

$$\left(\frac{1}{2}\right)^{39} = \frac{1}{549,755,813,888}$$

這個機率真是低到不可思議了，針對這個結果，我們有什麼感想呢？事實上這可牽涉到統計學上假設檢定的領域，我們在這邊先點到為止，後文會有詳細介紹。機率這麼低卻發生了，一種可能是神蹟出現，幾乎不可能發生的事還是發生了；第二種可能是生男生女各二分之一的假設改變了，也許吃鈣片真的有效，比如說生男機率提高到 0.999，那麼 39 位婦女都生男的機率將成為：

$$\left(\frac{999}{1000}\right)^{39} \approx \frac{1}{61}$$

雖然還是不高，但比起 $\left(\frac{1}{2}\right)^{39}$ 已是天差地遠。所以統計學家會因此推測，也許吃鈣片還真的有效哩！讀者可以發現，在上述過程，我們先假設生男機率二分之一，接著發現用這個機率計算結果，理論上發生機率太低了，所以轉過頭來修正生男機率，這個過程稱為假設檢定，意思是檢定「假設」是不是正確。當然，這則報導沒有引起太大討論，加上所謂證據只是廠商片面之詞，整個實驗的過程是不是嚴謹沒有人知道，建議讀者仍參考就好。

【註釋】

【1】：莫非定理沒有公認的定義，大致上來說，就是會出錯的事，一定出錯。來看一個很寫實的應用：當你在量販店購物完要結帳時，每個結帳櫃台都大排長龍。你觀察好久終於選定其中一個櫃檯排隊，沒想到總是其他排動的比較快。當你棄暗投明，換到另一排時，你原來站的那一排，就開始動的比較快了。

【2】：正確來說，其組合共有 C_7^{14} 種，而「十四次中有七次是大」的機率為 $C_7^{14}\left(\dfrac{1}{2}\right)^{14}$。但為什麼呢？有興趣的讀者可以接著看，沒興趣的跳過去也不會妨礙後續章節的理解。

假設賭聖擲了三次骰子，其可能的點數大小先後次序如下表：

| 大大大 |
| 大大小 |
| 大小大 |
| 小大大 |
| 大小小 |
| 小大小 |
| 小小大 |
| 小小小 |

也就是共有 $2\times2\times2=8$ 種可能，每個種機率都是 $\left(\dfrac{1}{2}\right)^3=\dfrac{1}{8}$，而上表可以看出，出現二次大的可能有 3 種，所以機率共為 $\dfrac{3}{8}$。

但這樣寫出樣本空間太麻煩了，我們再度利用公式 C_r^n，前文提到，C_r^n 代表從 n 個個體中取出 r 個，這裡可解釋成從 3 次擲骰中任二次為大的組合，所以公式為：

$$C_2^3=3$$

既然是 3 種組合，再乘上每種機率都是 $\dfrac{1}{8}$，因此題目的完整公式為：

$$C_2^3\left(\frac{1}{2}\right)^3 = \frac{3}{8}$$

依樣畫葫蘆，擲 14 次骰子，其中有 7 次為大的機率公式：

$$C_5^{10}\left(\frac{1}{2}\right)^{10} = \frac{252}{1,024}$$

有了這個認知，讓我們回到前文提到的施琅擲銅錢隨機實驗，這邊就可以計算相關機率。就不知情的將士來說，擲 100 枚銅錢，只出現 1 枚銅錢是字面朝上的機率就是：

$$C_1^{100}\left(\frac{1}{2}\right)^{100} = \frac{100}{2^{100}}$$

低到可憐，難怪大家都認為明鄭氣數已盡，但就施琅來說，充其量只是投擲 5 枚正常銅錢的試行，所以出現 4 枚字面朝上的機率：

$$C_4^5\left(\frac{1}{2}\right)^5 = \frac{5}{2^5}$$

這兩者可天差地遠，施琅〈或者該說是幕後的康熙〉透過一個小手段就讓士兵們士氣大振，其威力更勝船堅炮利，堪稱攻心為上的經典之作！

【3】：利用註釋 2，我們可以計算擲骰子十四次，出現各種大小組合的對應機率如下表，其中出現 7 次機率最高，其次是 6 次和 8 次。

出現大的次數	機率
0	$\dfrac{1}{16384}$
1	$\dfrac{14}{16384}$
2	$\dfrac{91}{16384}$
3	$\dfrac{364}{16384}$
4	$\dfrac{1001}{16384}$
5	$\dfrac{2002}{16384}$
6	$\dfrac{3003}{16384}$
7	$\dfrac{3432}{16384}$
8	$\dfrac{3003}{16384}$
9	$\dfrac{2002}{16384}$
10	$\dfrac{1001}{16384}$
11	$\dfrac{364}{16384}$
12	$\dfrac{91}{16384}$
13	$\dfrac{14}{16384}$
14	$\dfrac{1}{16384}$

15

39 號球傳奇

買彩券成了全民的瘋狂運動，
一些平淡無奇的現象自然就被大做文章，
加上媒體的盲目推波助瀾鬧得沸沸揚揚，
而記者也沒啥統計常識，人云亦云，
結果就是一堆令人啼笑皆非的新聞，
這其中最出名的莫過於 39 號球傳奇。

2002 年販售的樂透彩一開始就讓臺灣人陷入瘋狂，買彩券成了全民運動，而由於是新玩意，大家拿放大鏡來檢視樂透彩的點點滴滴，一些平淡無奇的現象自然就被大做文章，加上媒體盲目推波助瀾，鬧得沸沸揚揚，而記者也沒啥統計學常識，人云亦云，結果就是一堆令人啼笑皆非的新聞，這其中最出名的莫過於 39 號球傳奇。

平均數定律陷阱

樂透 7 期／頭獎 25、39、20、38、29、37，特別號 28

樂透彩券推出至今，總共開出七期頭獎，但其中竟連續 4 期都開出「39」這個數字，許多人都嘖嘖稱奇，坊間甚至有耳語傳出，39 號彩球是否有特殊重量。由於太過於巧合，讓臺北銀行不得不澄清強調，北銀的每個彩球，重量都在誤差值之內，絕對可禁得起驗證。

樂透彩券推出至今，總共開出七期頭獎，但其中光是「39」這個號碼竟然就四連莊，這種機率已經是相當的小了，如今第七期開出後，竟然連續第五期連莊，大家都直呼不可思議。最近已經有不少節目在探討「39」號連莊的話題，到底是何種原因，讓 39 號彩球不斷被搖出。

對此，臺北銀行則表示，樂透獎開獎時，為表示公平、公開的立場，每次開獎時，都從 10 組彩球中，任選一組彩球作為當天開獎的彩球；所以每次挑選的彩球，都可能不一樣。北銀更強調，臺北銀行還於 9 日那天重新將彩球拿出來公開測量一次，採用的精密磅秤可測出的誤差值為 0.0001 公克，39 號球都也安全通過磅秤，沒有任何一顆有較重或較輕，大家無須過度多疑。（資料來源：東森新聞報 2002 年 2 月 12 日）

時間證明一切

　　因為這個爭議，臺北銀行還特別在第七期時當眾檢驗了兩盒彩球重量，以昭公信。認為 39 號球在前幾次出現頻繁是有問題的人，就跟那些下注在尚未出現的號碼的彩迷一樣，都是陷入平均數定律的陷阱；彩球沒有記憶，當然不會因為出現次數多一點就禮讓給沒有出現過的球，果然這個爭議因為開出期數增多，39 號球的表現不若以往，而不再有人提及。

舉世皆然

　　開出的號碼來檢查是不是「有問題」，永遠是世界各國彩迷們最關心的問題，臺灣的大樂透開出的期數仍少，尚無法利用開出的號碼來檢查是不是有問題，而各國統計學家也做過多次研究，但結論都很不一致。例如 2002 年英國國家樂透委員會進行「國家樂透隨機性」研究，本想證明樂透中獎號碼的隨機性無庸置疑，哪知結論令人大吃一驚。這份研究報告指出：

　　樂透中獎號碼似乎並非如原本所想像的那般隨機，某些中獎號碼組合出現的頻率「不尋常地高」，其他號碼的出現頻率則遠低於隨機。在這篇報告中，指出，一九九四年到二○○二年一月底共六百三十七次樂透開獎中，每個號碼被抽中的機率可能為七十次到八十六次，但三十八被抽中的次數多達一百零七次，極不尋常，機率低於一％，已經到了讓他們懷疑是否有必要進行「具體檢查」的地步，以檢查看看三十八號球是否有何異常。（自由時報 2004 年 12 月 13 日）

　　對沒有統計檢定概念的初學者來說，107 次比起 86 次多是沒錯，但是否多到異常則見仁見智，也無法做出任何決策，如

38 號球該不該換掉等。因此統計學家著手建立一套標準流程，以能說服大家的客觀方式來定義何謂異常，這是統計教育中極為重要的一環，有興趣的讀者可以參閱筆者相關書籍的介紹。

16

ET 統計學

人們對這些未經證實的外星生物好奇並非始於今日，
早在 1982 年，大導演史蒂芬・史匹柏就以一部電影 E.T. 打響名號，
開啓人們探索外星生物的熱潮。
那麼，統計學家怎麼看待這個問題呢？

近日新聞傳出日本內閣官房長官町村信孝在記者會上表示他相信幽浮絕對是存在的……，引來軒然大波。幽浮取自英文 UFO（Unidentified Flying Object），意思是不明飛行物體，又稱飛碟，人們對這些未經證實的外星生物好奇並非始於今日，早在 1982 年，大導演史蒂芬・史匹柏就以一部電影 E.T.（the Extra-Terrestrial）打響名號，開啟人們探索外星生物的熱潮。那麼，統計學家怎麼看這個問題呢？總不能人云亦云，胡說八道一翻。現在就給定一些假設，實際來算一下吧！

ET 統計學

首先我們假設每個星球出現生物的機率是 P，沒有出現的機率就是 1-P，而每個星球出現生物是彼此獨立的，如果假設只有 2 個星球，亞歷安跟達爾星球，則有都沒有、一個有、兩個都有的可能性：

都沒有	$(1-P)^2$
都有	$(P)^2$
只有一個有	$2(P)(1-P)$

所以出現外星生物的事件包括都有或只有一個，機率為：

$$(P)^2+2(P)(1-P)$$

其實這也等於 1 扣掉全沒有的機率：

$$1-(1-P)^2$$

後者計算方式比較簡單，尤其當星球數很多時更是方便，假設宇宙中只有 10,000 顆星球，而每個星球出現生物的機率是百萬分之一，且互相獨立，那麼宇宙中有外星生物的機率就是：

$$1 - \left(1 - \frac{1}{1,000,000}\right)^{10,000} = 0.00995$$

這機率看似不高，但當我們再把星球數增加到 100,000,000，而每顆星球出現生物的機率再降低到億分之一，則相同計算可以得到機率是：

$$1 - \left(1 - \frac{1}{100,000,000}\right)^{100,000,000} = 0.632$$

超過五成了，當然，宇宙中的星球數就跟地球上沙子的數目一樣多，如果星球數若再增為 10 倍，則機率就幾乎是 1 了。

$$1 - \left(1 - \frac{1}{100,000,000}\right)^{1,000,000,000} = 0.999955$$

在這個例子中，星球數增加對外太空有無生物機率的影響超過每個星球出現生物機率降低的影響。而結論也告訴我們：外太空一定有其他生物存在！

這種計算機率的應用還很多，另一個有趣的論點是猴子可以打出莎士比亞《哈姆雷特》，其邏輯類似以上討論，而將上述論點發揮到極致，可以推論出，任何可能發生的事件（具有非零機率的事件），只要有足夠的機會，終究會發生。

17

寫出ㄙㄢ ㄓ ㄒㄧㄠˇ ㄓㄨ的猴子

統計學家到花果山水濂洞抓來一隻神猴，
該猴子眉清目秀，機靈聰明，極可能是孫悟空的後代。
統計學家將它放在電腦前，讓它對著鍵盤亂敲亂打，
那麼牠打出「三隻小豬」的機率有多大呢？

在西遊記裡的猴子，齊天大聖孫悟空，飛天遁地，72 變無所不能，最近的新聞也常出現猩猩或猴子記憶跟心算勝過大學生的消息，雖然在演化結果已經由人類勝出，但對這個聰明的近親，人們總是有著超乎尋常的好奇，就連統計學家也適時的讓猴子軋上一角。故事要追溯到 1909 年，法國數學家 Emile Borel 在他所寫的書（*Probabilities and Life*）中提到：如果讓一隻猴子在打字機上隨意亂打，牠可以打出法國國家圖書館裡所有的藏書內容。這個定理被後人改成很多不同的版本，當中最出名的就是：最終牠可以打出莎翁名著《哈姆雷特》，還煞有其事的命名為無限猴子定理。

出口成章的猴子

為了學習樂趣，我們改成華文版的猴子大文豪，統計學家到花果山水濂洞抓來一隻神猴，該猴子眉清目秀，機靈聰明，極可能是孫悟空的後代。統計學家將牠放在電腦前，讓牠對著鍵盤亂敲亂打，則牠竟然出口成章，打出「三隻小豬」這句「成語」的機率有多少呢？

假設神猴使用微軟的新注音輸入法，要打出中文，必須注音符號順序正確，聲韻（一聲、二聲等）也要正確，同樣的讀音，字也要選對（如隻與之），在此我們假設新注音輸入法會自動幫猴子選字，猴子只要輸入正確的注音符號跟聲韻即可。

中文注音符號有 37 個，加上聲韻選擇有 5 種，所以共有 42 種選擇，因此猴子在敲打鍵盤第一次要打出「ㄙ」的機率是 $\frac{1}{42}$，接著要打出「ㄢ」的機率也是 $\frac{1}{42}$，所以當牠努力敲了 12 次（至於為何是 12 下，讀者可自行用新注音輸入法試看看，這倒不是統計問題）要正確打出「ㄙㄢ ㄓ ㄒㄧㄠˇ ㄓㄨ」的機率是：

$$\left(\frac{1}{42}\right)^{12}$$

我們將敲 12 下鍵盤視為一次試行，而猴子每次試行成功的機率只有 $\left(\frac{1}{42}\right)^{12}$，換句話說失敗的機率是：

$$1-\left(\frac{1}{42}\right)^{12}$$

這個值極接近 1，但仍小於 1。則如果讓猴子不眠不休、無窮無盡試行下去，至少成功一次的機率是 1 減去全部失敗的機率：

$$1-\left(1-\left(\frac{1}{42}\right)^{12}\right)^{\infty}=1$$

所以神猴成功機率是 1，事實上猴子試行不用到無窮多次，只要試行百兆次（不過還是很多次啦！），機率就達到 0.999。

要什麼就打什麼！

利用相同的邏輯，只要試行夠多次，猴子可以打出周董的歌詞、總統的元旦演說講稿、金庸小說《神鵰俠侶》、《論語》、喜歡的話《四庫全書》也沒問題，甚至將文章由後往前倒著打出來也可以；關鍵當然在於雖然試行一次成功機率甚低，低到不可思議，但終究不是為 0，所以只要試行夠多，還是總有成功的一天。一些論者還可以繼續推演，比如說把無限隻神猴抓來敲打鍵盤，則可以即時打出任何文章。

好事的學生與倒楣的猴子

這個機率問題藉由神猴與文學的交集而趣味橫生，沒人會真的找猴子來惡搞。但世上總是有窮極無聊的傢伙，根據媒體報導（中廣新聞網 2003 年 5 月 12 日），英國普利茅茲大學（University of Plymouth）學生，花了大約 10 萬臺幣，找了 6 隻動物園裡的猴子，給了這 6 隻猴子一臺電腦。過了四個星期，把電腦搬出來，檢查以後發現，這些猴子一共只打了五頁的字母，沒有一個人類使用的字。報導中評論說：「這幾個學生花了政府 2,000 英鎊，終於證明了他們原來的假設「給猴子一部電腦，猴子也能寫出莎士比亞的作品」是錯的！」

愛拼才會贏

這個證明當然是錯的，因為理論上要趨近於無窮多次的試行才能打出莎士比亞的作品，只打（玩）了四個星期沒有打出作品並不能證明什麼。神猴搏君一笑，但它仍有一項非常重要且正面的含意，就是：即使成功機率再怎麼低，只要不是為 0，那不斷的努力，永無止盡的努力，最後一定會成功的，聽起來頗像勵志口號。也有人用愚公移山來比喻，但這不太恰當，因為愚公一鏟子一鏟子挖，並沒有試行成功與否的問題，搬完是可以預見，只是時間長短而已。最後，筆者還是以大樂透為例做個結束，讀者應該可以推論：「如果持續買彩券，鍥而不捨的買，買到天荒地老，地久天長，那總有一天頭彩是屬於你的。」不過人是不可能活那麼久，就假定一個人一生買了 50 年的大樂透，每期都只買一注，假定一年開出 104 期，那這一生中頭彩機率多高呢？很簡單，計算如下：

$$1 - \left(1 - \frac{1}{13,983,816}\right)^{104 \times 50} = 0.000372$$

大約是萬分之四，想要中獎還是需要神明保佑才行。

18

同月同日生

古諺有云：「不求同年同月同日生，但求同年同月同日死」，
這暗示著要同年同月同日生還真是難事呢！
但如果同月同日生呢？又或者兄弟姐妹都同月同日生呢？
這機率高嗎？

古諺有云:「不求同年同月同日生,但求同年同月同日死」,這暗示著要同年同月同日生還真是難事呢!但如果同月同日生呢?又或者兄弟姐妹都同月同日生呢?這機率高嗎?讓我們看看以下這則新聞:

同月同日生比中樂透還難?

自然產 3 次小孩生日皆 11/1・醫生:機率比中樂透還難

彰化縣社頭鄉有一位民眾,他 3 個分別是 6 歲、5 歲和 3 歲的孩子,竟然都是同月同日生,不可思議的是,這三兄妹還都是自然生產,醫師說,3 個孩子不同年齡卻是同一天生日,機率只有 750 萬分之 1,這種機率,比中樂透頭獎還要難。(資料來源:東森新聞報 2007 年 11 月 2 日)

為了介紹這個問題,我們先來看看一個完全一樣但較容易分析的問題:假設投擲二個骰子,出現點數一樣的機率是多少呢?我們用最簡單的方法直接土法煉鋼,回憶前文擲二顆骰子的樣本空間共有 36 個出象,每個機率都是 $\frac{1}{36}$,符合點數相同的出象有 (1 , 1)、(2 , 2)、(3 , 3)、(4 , 4)、(5 , 5)、(6 , 6),所以機率共有:

$$\frac{6}{36} = \frac{1}{6}$$

但如果我們指定它們點數都是「6」的機率是多少呢?很明顯的,只有 (6, 6) 符合,所以機率只有 $\frac{1}{36}$。比較正規的算法是,第一顆骰子是 6 的機率是 $\frac{1}{6}$,第二顆骰子是 6 的機率還是

$\dfrac{1}{6}$，根據獨立性，我們知道二顆都是 $\dfrac{1}{6}$ 的機率是：

$$\frac{1}{6} \times \frac{1}{6} = \frac{1}{36}$$

舉一反三

現在回到生日的問題，很多人一遇到這個問題，直覺上會把三人生日相同的機率這樣計算：

$$\frac{1}{365} \times \frac{1}{365} \times \frac{1}{365} = \frac{1}{48,627,125}$$

很明顯這是錯誤的，因為我們並沒有指定生日是哪一天，所以正確的算法應該是：

$$\frac{365}{365} \times \frac{1}{365} \times \frac{1}{365} = \frac{1}{133,225}$$

因為第一個人的生日並未指定，所以可以有 365 種選擇。這個值雖然不高，但比起中樂透來說，機率已經算高了。當然，就這則新聞而言，如果記者指的是三人生日都是 11 月 1 日這天的機率，那就跟二顆骰子都指定是 6 的機率一樣算法：

$$\frac{1}{365} \times \frac{1}{365} \times \frac{1}{365} = \frac{1}{48,627,125}$$

最後要補充的是，$\dfrac{1}{133,225}$ 是不高，但是一旦出現就是奇蹟了嗎？只怕也未必，這個問題牽涉到期望值的討論，在後文會詳加介紹。簡單來說，雖然機率只有十幾萬分之一，但想想，

如果全國有三個小孩數的家庭很多，比如說有三十幾萬戶，那麼出現二、三個這種案例是相當正常的。

19

我們這一班

到底是一個班上至少有兩人同一天生日的機率高呢，
還是緋聞男女同台的機率高呢？

　　上一單元的生日問題討論，在統計上有一個類似的問題，就叫做生日問題，或是重複生日問題，常成為統計學老師跟學生打賭賺錢的工具，而且幾乎每次都贏。生日問題是這樣的，班上至少有兩個人同一天生日的機率是多少？由於修統計課人數大多介於 50～60 人間，學生常想，一年有 365 天，這裡不過 50 多人，要有人生日重複機率不高吧！但其實這是一個錯覺，正確答案是，若以 50 人來計算，至少有兩個人同一天生日的機率高達 0.9704，完全出乎你的想像吧！現在就讓我們來計算一下為什麼機率會如此之高。

循序漸進

　　首先我們先從兩人談起，隨機找來兩人，他們生日不同的機率是多少？假設第一個人是 365 天的任何一天，所以他有 365 種選擇，第二個人若要生日跟第一個不同，機率很高，他只要其他 364 天中的任一天生就可以，這機率有 $\frac{364}{365}$，所以兩人生日不同的機率為：

$$\frac{365}{365} \times \frac{364}{365}$$

因此兩人生日要相同的機率是：

$$1 - \left(\frac{365}{365} \times \frac{364}{365}\right)$$

　　很簡單可以推廣到 n 人，n 人中有任兩人以上生日相同的機率，就是 1 減去完全沒有人生日相同的機率，而 n 人中沒有人生日相同機率是：

$$\frac{365}{365} \times \frac{364}{365} \times \cdots \times \frac{365-n+1}{365}$$

所以 n 人中，有人生日相同的機率就是：

$$1 - \left(\frac{365}{365} \times \frac{364}{365} \times \cdots \times \frac{365-n+1}{365} \right)$$

有了這個公式，就可以計算人數跟機率，例如，班上共有 23 人，有人生日相同的機率就是：

$$\left(\frac{365}{365} \times \frac{364}{365} \times \cdots \times \frac{365-23+1}{365} \right) = 0.507$$

不同人數的機率如下表所示，令人驚訝的是，若人數為 23 人，其機率已經超過五成，而只要有 64 人，這個機率值竟然高達 0.997，也就是有人生日相同的機率已經很接近 1 了

人數	4	16	20	22	23	48	56	64
機率	0.016	0.284	0.411	0.476	0.507	0.961	0.988	0.997

同樣的，筆者在大二首次到遇到這個問題也覺得奇妙，總覺得一年有 365 天，但班上才 23 人，如果有 $\frac{365}{2}$ 這麼多人，機率超過五成才說得過去吧！通常直覺跟算式不同，一定是哪邊誤解了，在這邊公式當然不會錯，一個可能的誤解是：我們只說生日相同，並沒有指定生日是哪一天，這跟上一單元中，任兩人生日相同機率機率是 $\frac{365}{365} \times \frac{1}{365}$，而不是 $\frac{1}{365} \times \frac{1}{365}$ 一樣，因而讓我們低估了機率。

20

金融卡密碼容易被破解嗎？

人們總習慣拿自己的生日或身份證號當密碼，
古今中外皆然！
可見這機率有多大啊！

　　人類對密碼的應用歷史甚早，也相當廣泛，在二次大戰期間各國軍事情報蓬勃發展，破解密碼就成了一門顯學。報紙上也經常傳出有人金融卡密碼被破解，通常這種人都是因為懶惰，直接用生日或身分證字號做簡單排列，多試幾次就被破解了。現在最夯的是達文西密碼，書中說達文西筆下的一些名畫中均暗藏玄機，如何破解這些密碼，找出驚世大秘密，成為該本書最扣人心懸的情節。下圖顯示這些專家從達文西的畫作「聖母、聖嬰和聖安娜」（圖左）找出了耶和華的容貌（圖右），還戴著梵蒂岡教宗的皇冠，這到底是真有其事，還是後人聯想力豐富瞎掰出來的，仍有待專家抽絲剝繭。（圖取自：http://www.mirrorandart.com/）

從達文西的畫作解碼出耶和華的容貌，你相信嗎？

　　筆者印象最深刻的是一部電影《接觸未來》（*Contact*），在該劇中，外星人將製造太空船的方式蘊藏在一部二次大戰期間希特勒某次演講的影片中，正當眾人莫名其妙該影片到底想傳達何種訊息時，一位天才以立體六次方的拼圖解開了答案，並

順利與外星人進行第一次的接觸……。當然，這畢竟是電影，一般人不會遇到這種解碼工作，但設定金融卡的密碼就經常遇到，有沒有想過被破解的機率呢？

諜對諜

破解網路密碼‧靠數學技巧‧也在打心理戰

網路密碼都是數字加英文組成的，看似複雜，但都有破解招數，有人在網路上提供解碼小程式，對數學高手來說，邏輯、機率再耍點心機套出關鍵數字，其實密碼算得出來，問題是小聰明何不用在正軌上？

以早期的 4 位密碼為例，若 4 碼全不知道機率是萬分之一，只知道其中一碼但不知道位置，機率則縮減為 1/3,439，如果很確定其中一碼數字跟位置，機率又小到 1/729，假設只有數字但不知道位置，機率更減到僅僅只有 1/24，要猜的困難度跟費時度大大降低。（資料來源：東森新聞網 2007 年 11 月 1 日）

根據內文描述，如果很確定其中一碼數字跟位置，機率該是多少呢？很明顯的，假設這個值是 1，且位於個位數，則其值最小由 0001 開始，接著 0011、0021………最大到 9991，所以一共有 1,000 種可能，因此猜對的機率應該是 $\frac{1}{1,000}$。

最後，如果只知道 4 個數字，但不知道位置，我們假設這 4 個數字都不相同，例如是 1、2、3、4，則這 4 個數字有幾種組合呢？

直覺性思考

他的思考方向是這樣的，千位數有 4 種選擇（1、2、3、4），比如為 1，則百位數剩下三種選擇 2、3、4，比如為 2，則十位數剩下二種選擇（3、4），假設是 3，個位數則別無選擇，一定為 4，所以

$$4 \times 3 \times 2 \times 1 = 24$$

共有 24 種組合，猜對機率是 $\frac{1}{24}$。

大小分不清

這篇文章還有一個很誇張的錯誤，機率由 $\frac{1}{3,439}$ 到 $\frac{1}{729}$，再到 $\frac{1}{24}$，是一路增加，而不是一路減少，但記者顯然只看到分母而已……。

21

要練神功，一定得自宮嗎？

武功絕學葵花寶典第一頁寫著：「欲練神功，必先自宮」，
東方不敗無意中獲得此寶典，立即自宮習練，
無奈進度緩慢，心煩氣躁之餘，隨手亂翻，
赫然發現有行小字寫著：「若不自宮，也能成功」，
東方不敗又驚又怒，再翻到最後一頁，又發現一行小字……

　　江湖上盛傳，武功絕學葵花寶典第一頁寫著：「欲練神功，必先自宮」，意思是想要練成的條件就是先自宮，東方不敗無意中獲得此寶典，驚喜之餘，立即自宮習練，無奈進度緩慢，離武林第一遙不可及，心煩氣躁之餘，隨手亂翻寶典，赫然發現又有行小字寫著：「若不自宮，也能成功」，東方不敗慘叫一聲，又驚又怒，再翻到最後一頁，又發現一行小字，寫著：「即使自宮，未必成功！」東方不敗一聲哀嚎，口吐白沫暈死過去，醒來之後，頓悟武林打打殺殺永無止盡，有道是：「瓦罐不離井上破，將軍難免陣中亡。」富貴如浮雲，不如金盆洗手收工，圖個安享晚年，東方不敗在親友的鼓勵下棄武從文，學習統計，後來竟也成為一代大儒。

殘而不廢

　　從哪裡失敗，就要從哪裡站起來，東方不敗決心研究葵花寶典跟自宮間的關係，根據東方不敗的統計，過去十年習練過葵花寶典者共有 100 人，其中有 70 人自宮，30 人沒自宮。而最後練成有 20 人，失敗的有 80 人。我們將之表示成聯合次數分配表，並給出幾個代號：

A_1：修練成功

A_2：修練失敗

B_1：自宮

B_2：沒自宮

	A_1	A_2	全體
B_1	14	56	70
B_2	6	24	30
全體	20	80	100

同樣的，可以將上表轉化成聯合機率表：

	A_1	A_2	$P(B_i)$
B_1	0.14	0.56	0.7
B_2	0.06	0.24	0.3
$P(A_i)$	0.2	0.8	1

則自宮且修練成功的機率是：

$$P(A_1 \cap B_1) = \frac{14}{100} = 0.14$$

又由邊際機率知道：

$$P（成功）= P（成功 \cap 自宮）+ P（成功 \cap 沒自宮）$$
$$= 0.14 + 0.06 = 0.2$$
$$P（失敗）= P（失敗 \cap 自宮）+ P（失敗 \cap 沒自宮）$$
$$= 0.56 + 0.24 = 0.8$$

這點在後文中會應用到。

條件機率

東方不敗遺憾未能練就絕學，所以他很好奇跟他一樣自宮，卻練就絕學的機率有多少？這就是條件機率，前提是要先自宮，再來談成不成功，所以那些沒自宮的我們就先捨棄不談。上表顯示自宮的總共有 70 人，其中 14 人成功了，所以自宮的人習練成功的機率是：

$$\frac{14}{70} = 0.2$$

失敗的機率是

$$\frac{56}{70} = 0.8$$

我們可以更一般性的表示這個想法，以 P（成功｜自宮）來表達先自宮，後習練成功的機率，所以：

$$P（成功｜自宮）= \frac{14}{70} = 0.2$$

而從我們的思緒可以輕易得到以下公式：

$$P（成功｜自宮）= \frac{P（成功 \cap 自宮）}{P（自宮）} = \frac{0.14}{0.7} = 0.2$$

因為我們本來就是計算自宮的人當中成功的機率，而東方不敗的最痛，即使自宮，也沒有成功的機率有：

$$P（失敗｜自宮）= \frac{P（失敗 \cap 自宮）}{P（自宮）} = \frac{0.56}{0.7} = 0.8$$

同樣的，對沒有自宮的人來說，成功跟不成功的機率也令人好奇：

$$P（成功｜沒自宮）= \frac{P（成功 \cap 沒自宮）}{P（沒自宮）} = \frac{0.06}{0.3} = 0.2$$

$$P（失敗｜沒自宮）= \frac{P（失敗 \cap 沒自宮）}{P（沒自宮）} = \frac{0.24}{0.3} = 0.8$$

沒自宮也有二成機率成功，可見「若不自宮，也能成功」

此言不虛，而且我們發現自不自宮其實無所謂，因為成功的機率都只有二成而已，東方不敗在明白此點後，心有如刀割，但一切都已經悔恨莫及了。

條件機率外一章

此外，條件機率也可以這樣玩：把它倒過來，看看成功的人當中，來自自宮習練的人機率有多少？也就是：

$$P（自宮|成功）= \frac{P（自宮 \cap 成功）}{P（成功）} = \frac{0.14}{0.2} = 0.7$$

$$P（沒自宮|成功）= \frac{P（不自宮 \cap 成功）}{P（成功）} = \frac{0.06}{0.2} = 0.3$$

$P（自宮|成功）$ 不是 100%，說明「欲練神功，必先自宮」這句話是錯的，因為有人沒自宮也一樣練成。但即便沒有百分之百，畢竟也有 7 成，這是不是說明最好還是自宮呢？這也是錯的，前文已經說過，自不自宮，其成功機率都只有二成。這裡的錯覺來自於自宮的人多，成功的人自然也較多，而不是成功機率較高，在後面我們會一再提及這個想法。

另一方面，也可以如法炮製，研究失敗的人，分別來自自宮跟沒自宮的人的機率：

$$P（自宮|失敗）= \frac{P（自宮 \cap 失敗）}{P（失敗）} = \frac{0.56}{0.8} = 0.7$$

$$P（沒自宮|失敗）= \frac{P（沒自宮 \cap 失敗）}{P（失敗）} = \frac{0.24}{0.8} = 0.3$$

同樣的，雖然 $P（沒自宮|失敗）$ 較 $P（自宮|失敗）$ 低，但這一樣也是因為沒自宮的人本來就較少，占失敗的人數較低是

可理解的，並不是沒自宮的失敗機率較低。

條件機率與貝氏定理

瞭解條件機率後，就不能不繼續瞭解貝氏定理 (Bayes Rule)，我們先寫下公式讓讀者讚嘆一下：

$$P(自宮|成功) = \frac{P(成功 \cap 自宮)}{P(成功)}$$

$$= \frac{P(自宮)P(成功|自宮)}{P(自宮)P(成功|自宮) + P(沒自宮)P(成功|沒自宮)}$$

或者用代號的一般化表示如下：

$$P(A_1|B) = \frac{P(A_1)P(B|A_1)}{P(A_1)P(B|A_1) + P(A_2)P(B|A_2)}$$

這個公式的由來，有興趣的讀者可以參考（注釋 1），這裡我們只直覺解釋公式要表達的涵義。如果我們想知道成功的人來自自宮者的機率有多高，當然得先看看成功的人都是哪些人。這些人來自自宮且成功跟沒自宮且也成功二類人，這就是分母要表達的。而分子就是來自自宮且成功這一部份。貝氏定理只是在這中間打轉，雖然公式看起來不怎麼平易近人，但其實並不難，讀者可以自行帶入數據驗算看看。筆者每次教學到這邊，總是有學生語帶懷疑的發問：老師，你何必這麼辛苦導出這個公式，我們不是直接從聯合機率表就可以得出 $P(自宮|成功)$ 嗎？幹嘛得大費周章弄成這麼複雜呢？這是個好問題，每個定理的建立自然都有它的背景跟用處，這個定理的出現是因為很多時候我們根本沒有聯合機率表，但是確有著定理中的資訊，在下一單元我們就會仔細介紹貝氏定理的應用，它的威力可是會讓

許多人大吃一驚的！

【註釋】

【1】

　　瞭解條件機率後，就不能不繼續瞭解貝氏定理 (Bayes Rule)，前文提到計算成功的人，來自自宮的機率是：

$$P（自宮|成功）= \frac{P（成功\cap自宮）}{P（成功）}$$

又由邊際機率知道：

$$P（成功）= P（成功\cap自宮）+ P（成功\cap沒自宮）$$

所以改寫公式：

$$P（自宮|成功）= \frac{P（成功\cap自宮）}{P（成功）}$$

$$= \frac{P（成功\cap自宮）}{P（成功\cap自宮）+ P（成功\cap沒自宮）}$$

而 $P（成功\cap自宮）$ 及 $P（成功\cap沒自宮）$ 分別可以改寫為：

$$P（成功\cap自宮）= P（自宮）P（成功|自宮）$$
$$P（成功\cap沒自宮）= P（沒自宮）P（成功|沒自宮）$$

所以最後公式就成為以下模樣：

$$P（自宮|成功）= \frac{P（自宮\cap成功）}{P（成功）}$$

$$= \frac{P（自宮）P（成功|自宮）}{P（自宮）P（成功|自宮）+ P（沒自宮）P（成功沒自宮）}$$

22

兩光儀器裝肖ㄟ？

隨著科技進步，科學家研發各種儀器來確認是否患有某種疾病，
但儀器不是百分之百的可靠，這其中就衍生出一些驚人發展！
到底辨識率和得病率之間有何關係？

　　貝氏定理令人驚奇地出現在幾個特定的應用，這是每本統計學的書籍都要提到的。隨著科技進步，科學家研發出各種檢驗儀器來確認是否患有某種疾病，但儀器沒有百分之百的可靠，這其中就衍生出一些驚人發展。

　　根據媒體報導（東森新聞網 2007 年 12 月 14 日），美國波士頓一位婦女索拉諾 9 年前被診斷感染愛滋病，長期接受治療後才發現被誤診，她根本沒有感染愛滋病毒，白白遭受折騰，後來麻州高等法院判決主治醫師應賠償 250 萬美元。

　　事情的峰迴路轉讓這位女士人生又從黑白變回彩色，但也讓人不禁對檢測儀器的可靠性打了個大問號，這是個特殊的個案嗎？其實不是，儀器搞烏龍並不罕見，現在我們先來說明一些醫學術語：

陽性：儀器顯示有患病稱為陽性反應

陰性：儀器顯示沒有患病稱為陰性反應

偽陽性：儀器測試結果是陽性，但其實並沒有染病

偽陰性：儀器測試結果是陰性，但其實有染病

得病率：整體人口罹患某病的機率

辨識率：儀器測試正確的機率

　　上述只是定義而已，看起來很不起眼，但接著的發展卻令人驚訝。假設愛滋病的得病率是 0.01%，意思是人口當中有 0.01% 罹患該疾病，並且假設儀器的辨識率是 95%，表示若某人確實染病，則儀器有 95% 的機率顯示陽性。反之，若此人並未染病，儀器也有 5% 的機率會顯示陽性。這位婦女接受檢測，發現竟是呈現陽性，頓時從天堂掉到地獄，但是她真的得病的機率是多少？咦，那不就是 95% 嗎？NO，NO，NO，請仔細比

較我們的陳述：

罹患該疾病，機器檢驗出的機率是 95%

機器檢驗出罹患該疾病，真的罹患該疾病的機率是？

好，讀者可能腦袋還轉不過來，我們用符號來表示比較清爽：

A_1：有染病事件，$P(A_1) = 0.01\%$

A_2：未染病事件，$P(A_2) = 99.99\%$

B：儀器檢查成陽性

因此可以得到：

$P(B|A_1) = 95\%$

$P(B|A_2) = 5\%$

儀器裝肖ㄟ？

首先讀者可以先注意到，這個問題根本沒有啥聯合機率表給我們參考，$P(A_1) = 0.01\%$ 代表的是染病的機率，來自專家根據資料庫的推估，所以稱為事前機率，而 $P(B|A_1) = 95\%$ 是我們對儀器精確度的掌握，稱為概似機率，而機器檢驗出罹患該疾病，真的罹患該疾病的機率是多少？根據我們的寫法，是表示成 $P(A_1|B)$，尤記得上一單元我們辛苦導出的公式，一一帶入可以得到：

$$P(A_1|B) = \frac{P(A_1)P(B|A_1)}{P(A_1)P(B|A_1) + P(A_2)P(B|A_2)}$$

$$= \frac{0.0001 \times 0.95}{0.0001 \times 0.95 + 0.9999 \times 0.05} = 0.001897$$

　　這個機率大出我們意料之外，竟然低到只有 1.89%，而事實證明該女士也是被誤判，但為什麼會這樣呢？很多人會碎碎念：「搞什麼鬼，那幹嘛還要使用這樣的檢驗儀器？」

何不把儀器給丟了？

　　筆者在大二剛學習統計學時，面對這個結論，雖然不懷疑公式所得出的結論，但總覺得哪裡怪怪的，這種情況就是沒有徹底理解。一直到某天看到電視新聞，報導警方又破獲轟趴，現場到處都是針頭、毒品，這些人是得病的高危險群，而事後檢驗結果，的確十個有七、八個得病，突然靈光一閃，思索問題可能就出在前文「人口當中有 0.01% 罹患該疾病」的假設，如果換成這些轟趴的人，有 70% 得病，那檢驗結果又如何呢？此時：

$$P(A_1) = 70\%$$
$$P(A_2) = 30\%$$
$$P(A_1 | B) = \frac{P(A_1)P(B|A_1)}{P(A_1)P(B|A_1) + P(A_2)P(B|A_2)}$$
$$= \frac{0.7 \times 0.95}{0.7 \times 0.95 + 0.3 \times 0.05} = 0.977941$$

　　這檢驗結果就像樣多了，順著這個結果，我們固定辨識率，將得病率變化對事後機率的影響計算在下表中，可以看出，當得病率高達 0.9 時，事後機率也已經高達 0.994186，兩光儀器不再兩光。

辨識率	得病率	真的得病機率
0.95	0.01	0.161017
0.95	0.1	0.678571
0.95	0.5	0.95
0.95	0.7	0.95
0.95	0.9	0.994186

　　一個類似的討論是如果科技進步，辨識率逐步提高，對事後機率的影響為何呢？下表顯示，其影響不若得病率提高來得大，當辨識率已經高達 99.9%，真的得病機率仍只有五成，一直到辨識率達 99.99%，真的得病機率才達到九成。

辨識率	得病率	真的得病機率
0.9	0.001	0.008929
0.95	0.001	0.018664
0.99	0.001	0.090164
0.999	0.001	0.5
0.9999	0.001	0.909165

笨蛋，問題不在儀器

　　所以，前面對辨識率只有 0.018% 的原因相當明顯，關鍵在患病的人機率（十萬分之一）甚低，相對之下，百分之五（二十分之一）的誤判率卻高出不少，所以雖然真的有病，也被儀器檢測出的機率很高，但也是因為有不少人被誤判成陽性，導致整體的檢驗率慘不忍睹。

果真一無是處？未必

　　然而，即便真的檢驗率很低，檢驗儀器也絕非一無是處，怎麼說呢？檢測前，每個人都覺得他得病的機率是 0.01%，而藉由儀器，若是檢測結果有病，且真的有病的機率提升到 0.1897%，已經提高將近 18 倍了。

23

烏龍測速器

精密的測速儀器原理很神奇，但卻不一定可靠。
其準確度如何影響證據力呢？

　　不少人都有超速等交通違規，被警方開單舉發的經驗，由於科技進步，測速器被大量採用，這種高精密的儀器原理很神奇，但卻不一定可靠。根據媒體報導：

　　由於測速器未通過國家標準檢驗，準確度令人質疑，其中臺三線新竹縣關西牛欄河段問題測速照片，七十六張當中，有五十張經公審裁定無效，比例之高讓人驚訝。（資料來源：中廣新聞網 2008 年 1 月 18 日）

車神落難

　　不幸的是，素有車神之稱的小舒也在被開單之列，他堅稱沒有超速，是儀器搞烏龍，雙方各執一詞對簿公堂，於是法官效法上一單元的推斷邏輯，看看測速器顯示小舒超速，而小舒超速的機率有多少。根據當地派出所員警的證詞，有二成的駕駛人會在該路段超速，所以我們知道，如果沒有其他資訊，小舒超速的機率是 20%，令 A_1 代表小舒超速，A_2 代表沒有超速：

$$P(A_1) = 20\%$$
$$P(A_2) = 80\%$$

　　又根據公審結果，知道該測速器的辨識率為 $\dfrac{26}{76}$ = 0.342105，令 B 為測速器顯示超速事件，則知道：

$$P(B \mid A_1) = 0.342105$$

　　所以現在法官想知道的是 $P(A_1|B)$ 為多少？根據公式：

$$P(A_1|B) = \frac{P(A_1 \cap B)}{P(B)}$$

$$= \frac{P(A_1)P(B|A_1)}{P(A_1)P(B|A_1) + P(A_2)P(B|A_2)}$$

$$= \frac{0.2 \times 0.342105}{0.2 \times 0.342105 + 0.8 \times 0.657895}$$

$$= 0.115044$$

　　換句話說，小舒真的超速的機率才 11.5044%，證據力實在不高，難怪小舒不服氣，要據理力爭了。烏龍測速器的後果僅僅是花錢消災，如果是殺人放火重罪，可是會被判死刑的，此時法官更重視證據的可靠性，只要存在一絲絲的懷疑，就不能判被告死刑，因為死刑犯是無從平反的，這也是世界各國乾脆廢除死刑的重要原因。

24

先抽好還是後抽好

當兵最怕「金馬獎」，
婆婆媽媽最愛東搶西搶，
那彩券呢？最好是人人有獎囉！
但究竟是先抽還是後抽的中獎率高呢？

在金庸小說《書劍恩仇錄》第十六回「我見猶憐二老意。誰能遣此雙姝情」中，紅花會香主陳家洛帶著姐妹花，霍青桐跟香香公主，還有大惡人張召重、關東三魔在沙漠中被狼群包圍，後來眾人商議由一人騎馬衝出引開狼群，但是該由誰去呢？大家決議拈鬮（音ㄐㄧㄡ），何謂拈鬮？意思類似抽籤，抽到有做記號的籤或摸到有做記號的銅板，就必須執行某種任務。然而這看似很公平的方式，執行過程中卻問題重重。

關東三魔小孬孬

拈鬮的前提當然是公平，也就是沒有人能辨識出有做記號的銅板，這樣才能探討機率問題。金庸在小說中對拈鬮過程有很多有趣的描述：第一次拈鬮，囊中有一枚順治通寶跟四枚雍正通寶，誰摸到順治通寶就得去引開狼群，由張召重跟陳家洛先摸，結果兩人都摸到雍正通寶，意思是後摸的關東三魔其中一定有一個人要當烈士，於是關東三魔中的顧金標就抗議，認為先摸的有利，於是第二次拈鬮改由關東三魔先摸，滕一雷道：「老四，你先摸吧。」哈合臺道：「老大還是你先來。」張召重笑道：「先摸遲摸都是一樣，毫無分別。」原來關東三魔以為後摸者有利，那麼到底張召重是有 guts 視死如歸，還是他很有統計概念，知道這跟順序無關呢？

涼缺人人要

古人或者應該說金庸大俠統計觀念不錯，相當難得，因為即便是教育普及的今日，很多人依然有錯覺。筆者在服役時，中心訓練結束要抽籤決定分發部隊，這可是重要關頭，因為如果抽到涼缺可以當兵當到爽。當時的超級涼缺是到北投的政治作戰學校服役，傳言中是上下班制，但可惜只有二支籤，600 人

抽，還真是擠破頭。後來這二支籤不到 50 個抽籤人次就全被抽走了，剩下 550 人連抽的機會都沒有，筆者尤記得第二支籤被抽中時，底下的少尉們群起鼓譟抗議，坐在隔壁的數學碩士甚至大喊：「先抽不公平啦！」或許他只是情緒的發洩，因為底下我們將介紹：先抽後抽是完全沒有分別的。但要說服群眾這個理念不容易，所以後來軍中長官想個點子，就是二階段抽籤，第一階段可能照部隊番號順序抽出「順序籤」，由此順序籤決定抽籤順序，再來第二階段真正的抽出誰得涼缺。這個問題如果從機率上來討論，會是先抽比較好，還是後抽比較好呢？

金厲害，有 guts!

假設這場拈鬮只由陳家洛和張召重玩，並且假設囊內有三枚銅錢，一枚是順治通寶，其他是雍正通寶，摸到順治通寶的餵狼群。當然，摸到的銅錢不放回囊中，令：

A_1：陳家洛摸到順治通寶
A_2：張召重摸到順治通寶

陳家洛先摸，摸到順治通寶的機率是 $\frac{1}{3}$，而沒摸到是 A_1 的互補事件，一般表示成 A_1^c：

$$p(A_1) = \frac{1}{3} \ , \ p(A_1^c) = \frac{2}{3}$$

張召重後摸，要不幸摸到順治通寶必須要有兩個前提：
一是陳家洛沒摸到順治通寶 $p(A_1^c) = \frac{2}{3}$
二是在一的前提（條件）下張召重接著摸到順治通寶，因

為已經有一枚雍正通寶被摸走，所以張召重接著摸到順治通寶的機率提高到 $\frac{1}{2}$：

$$P(A_2 \mid A_1^c) = \frac{1}{2}$$

因此，這場賭命拈鬮最後是張召重出去餵狼的機率是：

$$P(A_2 \cap A_1^c) = P(A_1^c) \, P(A_2 \mid A_1^c) = \frac{2}{3} \times \frac{1}{2} = \frac{1}{3}$$

所以機率依舊是三分之一，可見得跟先後次序毫無關係。即便不從統計學上計算，我們可以這樣判斷，陳家洛可能運氣好，摸到雍正通寶，這時張召重面對的是二分之一的機率，臉上會出現三條線。但是陳家洛也可能運氣不好，摸到順治通寶，這樣一來，張召重就爽翻天了，綜合來說，雙方扯平；當然，統計學給了我們比較嚴謹的處理方式，原來張召重雖是惡人，但統計觀念不差，而關東三魔不學無術，又壞又笨。

相依事件

雖然誰先誰後沒有關係，但是張召重摸銅錢時的確受到陳家洛摸到是何種銅錢影響，所以在這個例子中，兩人摸銅錢的事件就是相依事件，而相對的就是獨立事件，解說如下。

再論獨立

如果規則改成摸完後放回，意思是張召重面對囊中的銅錢跟陳家洛一模一樣，所以直覺上誰先摸誰後摸更沒關係。但我們依然再用條件機率研究一次，兩人同時去餵狼的機率是多少？

A_1：陳家洛摸到順治通寶

A_2：張召重摸到順治通寶

陳家洛先摸，摸到順治通寶的機率是 $p(A_1) = \dfrac{1}{3}$

張召重後摸，此時由於是摸出又放回，張召重面對的銅錢與陳家洛無異，所以張召重接著摸到順治通寶的機率為：

$$P(A_2 \mid A_1) = \frac{1}{3}$$

因此，這場賭命拈鬮兩人同時去餵狼的機率是：

$$P(A_2 \cap A_1) = P(A_1)\, P(A_2 \mid A_1) = \frac{1}{3} \times \frac{1}{3} = \frac{1}{9}$$

這機率也可以這樣看：

$$P(A_2 \mid A_1) = P(A_2) = \frac{1}{3}$$

意思是陳家洛摸到順治通寶後，張召重再摸到順治通寶的機率就跟張召重先摸且摸到順治通寶的機率是一樣，換句話說，就是陳家洛摸到順治通寶跟張召重摸到順治通寶毫無關聯，所以 A_1 與 A_2 可以稱為獨立事件，因此：

$$P(A_2 \cap A_1) = P(A_2)\, P(A_1) = \frac{1}{3} \times \frac{1}{3} = \frac{1}{9}$$

所以這也是我們前文提到若兩事件獨立，其交集的機率就等於個別機率相乘的原因。

　　基本上統計學家分析兩事件是否獨立就是用這種方式，回憶東方不敗的慘痛教訓，他想知道自宮跟練成寶典到底有沒有關係，重新寫出下表：

	A_1	A_2	$P(Bi)$
B_1	0.14	0.56	0.7
B_2	0.06	0.24	0.3
$P(A_i)$	0.2	0.8	1

我們發現：

$$P(A_1 \cap B_1) = P(A_1)\,P(B_1) = 0.2 \times 0.7 = 0.14$$

　　意思是自宮和能否練成絕學是無關的，雖然瞭解為時已晚，但知道這層關係，也總算是造福後人，不必再做無謂犧牲。獨立是統計學最重要的應用，隨著人們科技的進步，很多以前認為相關的，現在知道是無稽之談，像地震是地牛翻身；很多以前認為無關的，現在突然發覺原來其中大有文章，過去如果說肥胖會傳染，大家可能嗤之以鼻，但沒想到近來透過基因解碼，發現肥胖還真會傳染。但有些是科技還無法確認的，例如手機電磁波對人體的影響，有興趣的讀者可以參考筆者這一系列的作品：看新聞學統計之迴歸相關篇。

25

膽小炸彈客

美國遭受 911 恐怖攻擊後，不少人視搭飛機為畏途，

據調查，一架飛機有一位炸彈客的機率是 $\frac{1}{1,000}$，

二位的機率是 $\frac{1}{1,000,000}$。

雖然機率不高，但一旦遇上就完蛋了。

既然如此，何不自己先抱個炸彈上飛機呢！

在美國遭受 911 恐怖攻擊後，不少人視搭飛機為畏途，據調查，一架飛機有一位炸彈客的機率是 $\frac{1}{1,000}$，二位的機率是 $\frac{1}{1,000,000}$。雖然機率不高，但一旦遇上就完蛋了。所以有人就想，何不自己先抱個炸彈上機？這有什麼好處？因為自己當然不會引爆，但這樣的話，他再遇上一顆炸彈的機率（飛機上有二顆炸彈）是 $\frac{1}{1,000,000}$，只是一個動作就讓他遇到炸彈的機率降低 99.9%，何樂而不為呢？

錯誤的推論

假設炸彈客攜帶炸彈沒有招朋引伴，那麼從事前機率來看，任一旅客上飛機遇到兩個炸彈的機率的確是 $\frac{1}{1,000,000}$。然而自己帶炸彈卻不是這樣解讀的，很多人是這樣想的，假定：

A：自己帶炸彈的事件
B：另一個炸彈客帶炸彈的事件

所以 $p(A) = p(B) = \frac{1}{1,000}$，且 $p(B \cap A) = \frac{1}{1,000,000}$。則現在的問題是：自己帶一顆炸彈的條件下，別人再帶一顆炸彈的機率是：

$$p(B|A) = \frac{p(B \cap A)}{p(A)} = \frac{\frac{1}{1,000,000}}{\frac{1}{1,000}} = \frac{1}{1,000}$$

所以其實並沒有改變會遇到炸彈客的機率，雖然他的結論是對

的，但推理過程其實還是錯的。

非關機率

當我們在談論機率問題，知道出象及對應機率，但不知道哪一個會出現，也沒有選擇要哪個出現的可能。但是這邊的討論不是這麼一回事，自己選擇要帶炸彈的機率聽起來有點奇怪，事實上這傢伙可以選擇是不是要帶炸彈，後來他也的確帶炸彈，這就沒必要談機率，因為跟機率問題毫無關聯。他唯一要面對的仍舊是他遇到一位炸彈客的機率是「$\dfrac{1}{1,000}$」的問題。

救命腳鐐

東森電視臺曾有個節目「臺灣啟示錄」，其中有一集述說著臺灣死刑犯的故事。死刑犯伏法之後，其帶過的腳鐐特別值錢，其他受刑人往往願意出高價購買，然後自己戴上，因為他們相信，同一個腳鐐，受刑人先後帶過，又先後被槍決的機率微乎其微。

這個問題藉由腳鐐將兩個死刑犯的命運連結，但這只是煙霧彈，兩個死囚犯的案不同，會不會被判死刑當然是獨立的，假設討論窮凶惡極跟惡貫滿盈被三審死刑定讞事件，令：

A：窮凶惡極被判死刑的事件

B：惡貫滿盈被判死刑的事件

假設 $p(A) = p(B) = \dfrac{9}{10}$，且 $p(B \cap A) = \dfrac{81}{100}$。現在的問題是：惡貫滿盈將窮凶惡極被槍斃之後的腳鐐拿來自己戴上，他被判死刑的機率是：

$$p\,(B|A) = \frac{p(B \cap A)}{p(A)} = \frac{\dfrac{81}{100}}{\dfrac{9}{10}} = \frac{9}{10}$$

所以仍是 $\dfrac{9}{10}$，救命腳鐐只是個安慰劑，還是安分守己，奉公守法比較有用，雖然這一切都太遲了。

26

誰是接班人之旁敲側擊

　　《誰是接班人》是美國房地產大亨唐納・川普（Donald Trump）製作的真人實境秀。影集大致的內容是找來十幾位參賽者，分成兩隊，然後指派任務讓兩隊彼此競爭，贏的那隊會得到獎賞，輸的那隊則有一個人會被開除，如此重複進行，最後勝出的人可以在川普旗下公司任職。

旁敲側擊

　　假設最後只剩下蓋世太保、耀武揚威、不可一世三人，而川普將從中擇一人當他的接班人，其中耀武揚威與節目製作人猩爺交情匪淺，所以向其打聽誰是接班人。但礙於合約規定，猩爺不能直接吐露答案，不過可以提供一些訊息，所以耀武揚威決定旁敲側擊，在一番酒酣耳熱之際，他問「猩爺啊，蓋世太保或者不可一世誰會被淘汰？」猩爺想了又想，回答：「不可一世會被淘汰。」，耀武揚威聽了樂不可支，因為他認為自己脫穎而出的機率從原本三足鼎立的 $\frac{1}{3}$ 提高為兩強相爭的 $\frac{1}{2}$。

抽絲剝繭

　　別以為這問題容易回答，這可是研究所的考題，先來想想猩爺該怎麼回答這個問題，先給出符號：令 A_1、A_2、A_3 分別表示蓋世太保、耀武揚威、不可一世成為接班人之事件，B 表示猩爺說不可一世被淘汰的事件，已知：

$$p(A_1) = \frac{1}{3} \text{，} p(A_2) = \frac{1}{3} \text{，} p(A_3) = \frac{1}{3}$$

　　若蓋世太保是接班人，猩爺一定要回答：「不可一世會被淘汰」，這意味著：

$$P(B \mid A_1) = 1$$

但若耀武揚威是接班人，則猩爺可回答「不可一世會被淘汰」或「蓋世太保會被淘汰」，所以猩爺回答「不可一世會被淘汰」之機率為 $\dfrac{1}{2}$：

$$P(B \mid A_2) = \dfrac{1}{2}$$

而若不可一世是接班人，則猩爺根本不可能說出不可一世被淘汰，這意味著：

$$P(B \mid A_3) = 0$$

所以現在的問題是，猩爺親口說出不可一世被淘汰之後，耀武揚威成為接班人的機率：

$$P(A_2 \mid B) = \dfrac{P(A_2 \cap B)}{P(B)} = \dfrac{\dfrac{1}{3} \times \dfrac{1}{2}}{\dfrac{1}{3} \times 1 + \dfrac{1}{3} \times \dfrac{1}{2} + \dfrac{1}{3} \times 0} = \dfrac{1}{3}$$

竟然不是 $\dfrac{1}{2}$，頗令人驚訝，一般人常有的疑問是：「明明本來有三人競爭，機率是 $\dfrac{1}{3}$，現在已經知道不可一世被淘汰，只剩蓋世太保、耀武揚威二人競爭，這難道不是提高到 $\dfrac{1}{2}$？」甚至我們進一步計算蓋世太保出線的機率：

$$P(A_1 \mid B) = \dfrac{P(A_1 \cap B)}{P(B)} = \dfrac{\dfrac{1}{3} \times 1}{\dfrac{1}{3} \times 1 + \dfrac{1}{3} \times \dfrac{1}{2} + \dfrac{1}{3} \times 0} = \dfrac{2}{3}$$

　　也就是誰被拿來跟不可一世一起比，他的出線機率較高，而問的人反而機率較低。這是因為蓋世太保經過進一步的訊息篩檢過（跟不可一世比勝出），而耀武揚威並沒有，導致在條件機率上略輸一籌。

27

上帝真的存在嗎？

上帝看不到，摸不到，由此証明上帝不存在。

老師的大腦看不到，摸不到，同理可証老師無大腦！

　　筆者在大學期間，經常遇到教會的朋友，這些人和善、親切，樂於助人，並有著說服你入教的堅毅精神。在他們殷勤的邀約下有幸參加教會的活動，其中對教友們禱告讚美主的投入感到吃驚，在他們心中，主當然是存在的，並無所不在，決不容質疑，但筆者則半信半疑，經常跟教友們開玩笑：「如果上帝立刻出現在我面前，我就相信！」這當然只是開個玩笑，筆者可是相當敬重基督徒的。

　　半信半疑代表相信上帝存在機率不是 1，至於是多少？沒啥客觀事實參考，就主觀猜個 50% 吧！在離開校園後，逐漸淡忘著這個始終無解的疑問，直到一則新聞報導有人利用條件機率討論上帝存在問題，昔日與教友們溫馨相處的美好記憶才又浮上心頭。

爭議

貝氏定理算出有上帝存在機率 67%

　　雖然「上帝是否存在」這個問題通常被認為是一種「信則有，不信則無」的信仰問題，不過曾專職為美國政府預測核子災變風險的英國物理學家昂溫（Stephen Unwin）博士宣稱，他利用統計學中著名的貝氏定理，推算出上帝存在的機會為 67%。

　　昂溫說上帝是否存在不只是宗教上的問題，更是一個統計學問題。他使用來推算上帝存在與否的基本機率公式為 $P(G/E) = AP(G) \times P(E/G)$。

　　其實這是一種特殊的條件機率，其中的 $P(G/E)$ 代表大自然出現各種現象（E）時上帝存在的機率，等於是上帝存在的假定機率 $AP(G)$，乘以上帝存在時出現這些現象的機率 $P(E/G)$。

　　畢業於英國曼徹斯特大學的昂溫，先假定上帝存在和不存在的機率各為50%，然後以各種支持和反對上帝存在的證據（現象），如超自然現象和祈禱後出現神蹟的個案為上帝存在的證據，天災人禍和無神論理據則為上帝不存在的證據，來計算上帝存在的各種可能機率，結果得出上帝存在總機率為67%。（資料來源：中國時報2004年4月6日）

　　對信徒來說，存在機率是100%，對非信徒來說，存在機率是0%，得出個67%還真不知道怎麼解釋？這內容是取自昂溫博士（Stephen D. Unwin）在2003年出版的一本書《*The Probability of God*》，當然，昂溫博士的算式是經過修正的，複雜度遠超過本書難度，在此就忽略不提，倒是我們很好奇記者在文章中的公式：P（G/E）＝AP（G）×P（E/G），好像有點小問題。根據記者描述，我們定義如下：

P(G|E)：大自然出現各種現象（E）時上帝存在的機率。

AP(G)：上帝存在的假定機率

P(E|G)：上帝存在時出現這些現象的機率

　　所以，記者說：

$$P(G|E) = AP(G)P(E|G) = AP(G)\frac{P(G \cap E)}{AP(G)} = P(G \cap E)$$

這公式當然是錯的，這只是很簡單的條件機率定義而已。事實上，因為 *AP(G)* 跟 *P(E|G)* 涉及人為主觀估計，所以不見得每個人算出來都是67%，例如有學者算出來只有2%。其實，就像昂溫博士書中提到的，到底有沒有上帝存在可能是次要的，脫離神學不容置疑的前提，引進系統性的辯證，讓更多的科學成份來豐富這個最古老又神秘的問題，才是該作者的最大目的。

28

換與不換・天人交戰

　　名律師兼主持人謝震武所主持的「超級大富翁」節目，其中有一個關卡是觀眾可以參加「機會、命運」拿獎金活動，參賽者只要猜出獎金在「機會」還是「命運」的牌子後，即可獲得獎金。在參賽者猜測過程中，主持人總是有意無意作弄參賽者，問他要不要更換選擇，擠眉弄眼讓不少參賽者更換選擇結果而槓龜，當然有時又讓參賽者抱回大獎，就是這樣增加節目張力，提升收視率。不過臺灣的節目其實還算是小 case，在國外類似的節目早已風行多年，其中最著名的要算是「山羊與汽車」，玩法是參賽者可從三道門中選擇一道門，三道門後分別有一部高級轎車和二隻山羊，如果你選的門後是汽車當然就爽翻天，但也有可能只是山羊，牽回家去喝免費羊奶也還可以接受啦。

天人交戰

　　在遊戲過程中，主持人知道你選擇的門後是什麼東西，此時他會打開非參賽者選擇的其他二道門中的一道，而後面是山羊，節目在此時進入最高潮，主持人語帶懸疑地問道，要不要換？參賽者狐疑不安，陷入天人交戰……。

　　這個遊戲的一個重要關鍵是主持人知道三道門後的獎品安排，並且，他總是在你選擇完後，把其他二道門中，後面是山羊的那道打開，這樣做是有道理的，如果連主持人都不知道門後是啥東西，萬一他打開的門後是汽車，那不就沒搞頭了？節目就做不下去了。

換為上策

　　而要分析這個問題可以使用條件機率，但是根據筆者教學經驗，這只會把學生搞得更混亂，效果較好的反而是直覺性的

思考。我們先假設參賽者在上場前，他就先選擇好到底要不要換，因為後來主持人把有山羊的門打開並沒有提供更多的訊息，他並不需要因此再更換。

打定主意不更換

參賽者上場前就打定主意一旦選完就不更換，則：

1. 三分之一的可能是一開始就選中後面是汽車的門，主持人會打開其他兩道門的其中一道，誘惑你改變選擇，此時不更換必中汽車。

2. 三分之二的可能是沒猜中，意思是此刻車子在另外兩道門其中之一，此時主持人必會打開沒有汽車的那道門，這時候不更換一定必中山羊。

所以歸納一下，打定主意不更換，三分之一的機率得到汽車，三分之二的機率得到山羊。

打定主意更換

參賽者上場前就打定主意一旦選完，主持人提示後立刻更換，則：

1. 三分之一的可能是一開始就猜中，此時主持人打開其他兩道門誘惑你改變選擇。此時更換只會得到山羊。

2. 三分之二的可能是沒猜中，意思是此刻車子在另外兩道門其中之一，此時主持人必會打開山羊的那一道門，這時候更換可以得到汽車。

歸納一下，打定主意更換，三分之二的機率得到汽車，三分之一的機率得到山羊。

現在讀者大概可以體會，為何更換得到汽車的機率較高，這是因為剛開始雖然沒猜中的機率較高（三分之二），但接著主

持人的提示反而讓你篤定贏得汽車。而不更換只有在一開始就猜中汽車才有用，但機率只有三分之一。

很多人剛遇到這個問題都認為換不換沒影響，筆者在教書時，學生也經常似懂非懂，但就最直覺的思考角度，不換的策略只有在一開始就猜中汽車的情況下才有利，相反的，換的策略卻是一開始沒有猜中汽車比較有利，而讀者可以掂掂自己的斤兩，一開始比較可能猜中或是沒猜中？答案當然是沒猜中機率較高（三分之二），所以當然「換」是上策。

29

貝氏定理照妖鏡

根據心理學家的說法，其實每個人心中或多或少都有邪念，
只是多數人自我控制力強，不會外顯至行為，成為犯罪事實。
那麼，我們能否透過機率，
測出多少人心中曾經有過邪惡的念頭呢？

家財萬貫的少婦在大賣場偷竊價值不過數十元的商品，達官貴人在超商順手牽羊，這些行為總是讓我們很難理解，偷竊不是為了生存，到底為什麼？但根據心理學家的說法，其實每個人心中或多或少都有邪念，只是多數人自我控制力強，不會外顯至行為，成為犯罪事實。那麼，我們又怎麼知道多少人心中曾經有過邪惡的念頭呢？

巧妙包裝

如果我們笨笨的拿著問卷，上面就大剌剌寫著：你是否有過偷竊的念頭？那保證所有受訪者都回答沒有過偷竊的念頭。所以對於這種事涉敏感的問卷，我們有必要精密設計問卷方式，在不涉及隱私的情況下，讓受訪者無後顧之憂，願意忠實回答。一種利用條件機率的方式就可以達成這個目標，首先設計兩個問題：

問題 1：為敏感性的問題：「你是否有過偷竊的念頭？」
問題 2：為無關的問題：「你的出生月份為 1～6 月嗎？」

接著準備箱子，其中有 3 顆白球跟 7 顆紅球，請每一個受訪者自行從箱中取出一球，若為白色則回答問題一，紅色則回答問題二，每一位受訪者取出後再放回。這個方式的關鍵是只有受訪者知道自己是取出白球或紅球，所以也只有受訪者知道自己回答哪一個問題，這樣一來受訪者就可以誠實回答問題。

到目前為止我們已有的資訊是拿到白球跟拿到紅球的機率：

$$P(白) = \frac{3}{10}$$

$$P(紅) = \frac{7}{10}$$

現在我們算一算問卷中回答「是」的比例是 0.4，這其中當然包含來自問題一跟問題二中回答是的人，我們初步是無法區分開來，但根據貝氏定理，可以有另一種分析方式：

$P(是)$
$= P(白球 \cap 有過偷竊念頭) + P(紅球 \cap 於 1\sim 6 月出生)$
$= P(白球) P(有過偷竊念頭 | 白球) + P(紅球) P(於 1\sim 6$
　月出生 | 紅球)
$= \frac{3}{10} P(有過偷竊念頭 | 白球) + \frac{7}{10} P(於 1\sim 6 月出生 | 紅球)$

假定拿到白球跟是否有過偷竊念頭是獨立的，則拿到紅球跟一個人是否於 1\sim 6 月出生也無關，並且一個人介於 1\sim 6 月出生的機率約是 $\frac{1}{2}$，所以（註釋 1）：

$P(有過偷竊念頭 | 白球) = P(有過偷竊念頭)$
$P(於 1\sim 6 月出生 | 紅球) = P(於 1\sim 6 月出生) = \frac{1}{2}$

因此得到：

$P(是) = 0.4$
$0.4 = \frac{3}{10} P(有過偷竊念頭) + \frac{7}{10} \times \frac{1}{2}$

經計算得知

P（有過偷竊念頭）＝0.167

　　就這樣我們可以巧妙計算出曾經有過偷竊念頭的比例，完全不著痕跡，也避開個人隱私問題，堪稱是貝氏定理應用的經典之作。

【註釋】
【1】：請讀者回憶陳家洛跟張召重拈鬮一節，就可以明瞭為什麼獨立性可以得這個結論。

30

風險與勝算

根據調查報告指出，每星期至少吃一次白花椰菜的男性，
比那些一個月吃不到一次的男性相比，
罹患攝護腺癌的機率低百分之52。

雖然醫學的發達讓人類壽命延長，但飲食的精緻化卻也讓人們遇到新的威脅，所以如何趨吉避凶，藉由正常飲食來避免疾病成為醫學專家的新挑戰。例如就有專家發現：

男性常吃花椰菜可降低罹患攝護腺癌，根據加拿大安大略癌症中心的研究員對將近三萬名、年齡在 55 到 74 歲的男性進行了四年的追蹤調查，結果發現，每星期至少吃一次白花椰菜的男性，比那些一個月吃不到一次的男性相比，罹患攝護腺癌的機率降低百分之 52。（資料來源：中國時報 2007 年 8 月 9 日）

那麼，我們怎麼解讀這段話呢？其實很簡單，給定二個條件機率：

P（罹患攝護腺癌 | 每星期至少吃一次白花椰菜）$= a$
P（罹患攝護腺癌 | 一個月吃不到一次白花椰菜）$= b$

則根據新聞描述：

$$\frac{a-b}{b} = -52\%$$

而另一種也很常見的敘述是風險，比如說很多人都是飯後一根煙，快樂似神仙，卻不知道大難臨頭。一份報告告訴我們：

喝茶好處多！最新研究顯示，喝茶者罹患肺癌風險較低。學者分析肺癌患者與一般民眾抽煙、喝茶習慣發現，一天抽煙超過二包、又沒有喝茶習慣的癮君子，比不抽煙、有長期喝茶習慣者，罹患肺癌風險高四十倍。（資料來源：中國時報 2007

年 10 月 30 日）

通常，在醫學研究中，抽煙且不喝茶的歸類為暴露組，意思是暴露在某種風險之下；不抽煙且喝茶的為未暴露組，而一個指標稱為相對風險（the relative risk），簡寫 RR，或只稱為風險，公式是暴露組得到肺癌的機率除以未暴露組得到肺癌的機率，給定：

$$p（得肺癌 \mid 抽煙且不喝茶）= a$$
$$p（得肺癌 \mid 不抽煙且喝茶）= b$$

則所謂風險高 40 倍，意思是：

$$\frac{p（得肺癌 \mid 抽煙且不喝茶）}{p（得肺癌 \mid 不抽煙且喝茶）} = \frac{a}{b} = 41$$

或者

$$\frac{a-b}{b} = 400\%$$

一券在手・希望無窮

相對風險的概念也可以應用在買樂透的心態上，只是解讀上剛好相反，我們將買樂透中頭彩的機率放在分子，沒買樂透中頭彩的機率放在分母（當然是零），則中頭彩的「風險」為：

$$\frac{p（中頭彩 \mid 買樂透）}{p（中頭彩 \mid 不買樂透）} = \frac{\frac{1}{13,983,816}}{0} = \infty$$

　　這個結論非常有趣，很多人因此給他撩下去買，畢竟不買連得的機會都沒有，買了至少還有那一絲絲的渺茫機會。但讀者可不要興奮過頭，因為這不曾改變中頭彩機率仍低的事實，只不過跟零比起來，好歹還是個正數。即便這是很大的鼓勵，買大樂透仍要有更健康的心態，早早體會是號碼選人，而不是人選號碼的哲理，認真工作，有能力就小玩，淺嚐即可。

勝算

　　與風險相當類似的是勝算（Odds），若某一事件發生的機率是 p，則發生此事件的勝算就是：

$$\frac{p}{1-p}$$

以前例來說，抽煙且不喝茶的人，得肺癌的「勝算」是：

$$\frac{a}{1-a}$$

同理，不抽煙且喝茶的人，得肺癌的勝算是：

$$\frac{b}{1-b}$$

　　雖然以得癌症來討論勝算聽起來怪怪的，但勝算的定義有它的道理在，當事情發生跟不發生的機率相當時，勝算為 1。例如，擲出聖筊的機率是 $\frac{1}{2}$，則其勝算是：$\frac{1/2}{1/2}=1$，這也說明事件發生跟不發生的機率是一樣的。同理，如果亞錦賽中華隊贏韓國隊的機率是 $\frac{2}{3}$，則中華隊贏韓國隊的勝算就是 $\frac{2/3}{1/3}=2$，凸顯出中華隊贏的機率比起韓國隊贏的機率多出 1 倍。

31

誰才是賠錢貨？

從世界盃足球賽、中華職棒例行賽，到總統大選，
他們有何共通點？
驕傲？堅持？奮戰到底？運動家的精神？為國為民的偉大情操？
很抱歉，通通不是，而是「賠率」！

從世界盃足球賽、中華職棒例行賽，到總統大選，它們有何共通點？驕傲，堅持，奮戰到底，運動家的精神，為國為民的偉大情操？很抱歉，通通不是，而是「賠率」！例如以下這則報導：

賭盤大轉變・王馬賠率一比一

國民黨主席選戰短兵相接，各地紛傳「王馬賭盤」。地方人士指出，目前高雄賭盤看好馬，「賭馬一千贏七百」，岡山出現「馬讓王金平八萬票」的賭盤；屏東則出現看好王金平的盤，須從「王讓馬三萬票」開始下注。

隨著候選人王金平、馬英九的文宣攻防激烈，選情跟著變化，民間賭盤從馬英九勝一路變化，昨天已呈王、馬一比一的賠率，也就是勝負被視為五五波。

臺南地方人士指出，三週前開賭盤時是馬讓王兩萬票，但十天前變成馬讓王五萬票；他說，高雄縣賭盤沒有「誰讓誰」，目前是一比一對賭，因押馬者較多，所以下注一千，贏賺七百。

賭盤行情隨馬、王兩陣營造勢而起起落落，賠率也因賭盤盤口主持人對選情的看法不同而有差異。大約一個月前盤口進行全臺串聯，接受下注，半個月前開出最多的賭盤賠率是「賭馬英九勝，賭金一萬元賠六千元」或「押王金平勝，賭金一萬元賠一萬二千元」。

也有盤口以國民黨員的總投票數約一百零四萬票計算，預估五到七成的投票率，開出「馬英九讓王金平三萬票」的賭盤，賠率是押一賠一。（資料來源：？2005 年 7 月 15 日）

賠率定義種類眾多

想先玩還得先理解這些術語，所謂賠率 1 賠 a，有兩種常見

的賠法：

1. 下注 1 元，如果賭客贏了，莊家給你 a 元，但不論賭客輸或贏，這 1 元都拿不能拿回。所以可以想像這裡 a 必須大於 1，否則沒人要賭。

2. 下注 1 元，如果賭客贏了，莊家給你 1+ a 元，淨賺 a 元，如果賭客輸了，這 1 元就不能拿回。

以上述例子來說，「賭馬英九勝，賭金一萬元賠六千元」意思是賭注 10,000 元，如果馬英九贏，可拿回 16,000 元，扣掉賭注淨賺 6,000 元。而「押王金平勝，賭金一萬元賠一萬二千元」，意思是賭注 10,000 元，如果王金平贏，可拿回 22,000 元，扣掉賭注淨賺 12,000 元。而如果兩邊都壓呢？賭注共要 20,000 元，若馬英九勝，只拿回 16,000 元，小賠 4,000 元。若王金平贏，可拿回 22,000 元，小賺 2,000 元，可見得也不是必勝的策略。

而利用定義 2 的方式換算賠率，賭馬英九勝是 1 賠 1.6，賭王金平勝是 1 賠 2.2，至於賠率跟機率有何關聯，我們將會在後文講解。但從常理判斷，莊家願意賠越多，代表他相信勝出機率較低，所以上文代表莊家認為馬英九勝出機率較大。

由於誰機率越低，莊家就願意賠越多，吸引賭客上門放手一搏，但機率低仍有可能發生，那就叫「翻盤」，例如 2004 年的臺灣總統大選，陳呂配意外贏得大選，根據報紙描述，不少組頭是連夜慘賠落跑，這也可算是選舉的受害者吧！

誤入歧途的工程師

前文提到，押兩邊也有可能輸錢，但由於組頭未必只有一位，這其中就仍有一些套利空間。

工程師利用套利理論・寫籤賭程式

　　臺中縣警局 19 日破獲一個家庭式經營的籤賭網站，發現嫌犯撰寫一套籤賭程式，將經濟學的套利理論應用於籤賭，只要籤賭站不違約，這套電腦程式就能保證籤賭穩賺不賠，可惜還在測試階段即被查扣。

　　他舉例，AB 兩個籤賭網站對甲乙兩隊的賠率不同，假設 A 站對甲隊的賠率是 1，乙隊賠率 0.8；B 站對甲隊賠率 0.9，乙隊 1.1，他不必分析甲乙隊優劣，只要依賠率下注即可保證贏錢。

　　他說，操作原則是賠率高押注金額略少，反之則略多，上述例子中，兩站甲乙隊賠率最高部分，分別是 A 站甲隊賠率 1，假設押注 1 萬元，B 站乙隊賠率 1.1，押注 9500 元，如果甲隊勝，可贏得 1 萬元，僅損失 9500 元，利潤 500 元；假設乙隊勝，損失 1 萬元，卻可贏得 1 萬 450 元，還是有 450 元利潤，他稱為「交叉投注」。（資料來源：自由時報 2007 年 12 月 20 日）

　　不曉得讀者看懂了嗎？其使用的是第一種定義，我們先將之轉換成賠率，但不是只要賠率不同都可以這樣套利，我們可以簡單介紹套利下注金額大小：假設已經知道 A、B 兩籤賭站的賠率資料，則根據這工程師的說法，假設在 A 網站下注 a 元賭甲隊贏，在 B 網站下注 b 元賭乙隊贏，則如果甲隊贏，利得為：

$$2a-(a+b)$$

如果是乙隊贏，利得為：

$$2.1b-(a+b)$$

　　我們當然希望不管誰贏都賺錢，所以上二式都要大於 0，
經簡單計算得到：

b < a < 1.1b

經簡單換算：

$$\frac{a}{1.1} < b < a$$

所以就像工程師舉的例子，如果 a 是 10,000 元，則：

9090.9 < b < 10,000

所以 b 介於此中間都可以達到無風險的套利。

32

頭獎人數知多少？

大樂透中獎機率雖低，但是即使前幾期槓龜，
累積到一定期數還是會有人中，甚至還有二、三人一起中獎，
這往往讓彩迷們直呼：「怎麼可能，一定有鬼啦！！！」
且讓期望值理論來為您解開這個謎團吧！

　　大樂透中獎機率雖低，但是即使前幾期槓龜，累積到一定期數還是會有人中，甚至還有二、三人一起中獎，這往往讓彩迷們無法接受：「哪有可能啊，都這麼難中還有三人一起中，一定有鬼啦！」真是主辦單位做假嗎？但買的注數這麼多，要沒人中頭彩也怪怪的，那到底要怎麼處理這個問題呢？

　　前面我們已經有中頭獎機率的基礎瞭解，但是某期得頭獎人數該是幾個人較合理卻是另一個層次的問題，要瞭解這個問題，就必須知道「期望值」的概念。

機率表與期望值

　　如果我們擲筊二次，那麼大概會出現幾次聖筊呢？

　　從結果來看，可能出現 0 次、1 次或 2 次聖筊，那它們各自的機率有多少呢？這就又利用到前文提到的公式，比如說出現 1 次的機率就是：

$$C_1^2 \left(\frac{1}{2} \right)^2 = \frac{2}{4}$$

至於 0 次跟全是聖筊的機率是 $\frac{1}{4}$。我們寫出其機率表：

次數	0	1	2
機率	$\frac{1}{4}$	$\frac{1}{2}$	$\frac{1}{4}$

那麼大概會出現幾次聖筊呢？一個不錯的衡量變數是期望值。其公式如下：

$\sum (變量 \times 機率)$

其中 $\sum$ 是相加的符號

這裡的變量就是聖筊次數，根據這個公式：

$$0 \times \frac{1}{4} + 1 \times \frac{1}{2} + 2 \times \frac{1}{4} = 1$$

所以我們會想大概就 1 次吧，這就是期望值的觀念，雖然上述過程不難理解，但其實期望值有一些很容易讓人迷惑的特質存在。

平均的想法

對統計學的初學者來說，期望值往往帶來很多困擾，舉例來說，如果擲筊三次，聖筊的期望值應該是幾次？讓我們先寫下機率表：

次數	0	1	2	3
機率	$\frac{1}{8}$	$\frac{3}{8}$	$\frac{3}{8}$	$\frac{1}{8}$

根據公式可以得到：

$$0 \times \frac{1}{8} + 1 \times \frac{3}{8} + 2 \times \frac{3}{8} + 3 \times \frac{1}{8} = 1.5$$

但不管你再怎麼擲，永遠也不可能得到 1.5 次的聖筊，要嘛就都沒有，最多就 3 次，當然必須是整數。同理，擲一顆骰子，點數的期望值是多少呢？我們給出機率表如下：

點數	1	2	3	4	5	6
機率	$\frac{1}{6}$	$\frac{1}{6}$	$\frac{1}{6}$	$\frac{1}{6}$	$\frac{1}{6}$	$\frac{1}{6}$

這裡的變量就是出現的點數，所以期望值為：

$$1 \times \frac{1}{6} + 2 \times \frac{1}{6} + 3 \times \frac{1}{6} + 4 \times \frac{1}{6} + 5 \times \frac{1}{6} + 6 \times \frac{1}{6} = 3.5$$

但除非是賭聖用特異功能讓骰子破一半，不然永遠不可能有擲出點數 3.5 的骰子，但偏偏這 3.5 被視為是「期望得到的值」。要瞭解這個問題，就必須先知道期望值是一種長期平均的概念，說明如下。

賭神的徒弟賭俠始終學不會如何擲出點數 3.5 的骰子，所以只好勤快點努力學「聽」骰子，根據他的統計，莊家擲骰子 10,000 次，出現點數的次數分配表如下：

點數	實際次數	實際相對次數	實際次數與理論次數的差距
1	1650	0.165	−16.667
2	1612	0.1612	−54.667
3	1687	0.1687	20.333
4	1649	0.1649	−17.667
5	1682	0.1682	15.333
6	1720	0.172	53.333

則點數的平均值是多少呢？這是一種加權平均數的概念，就是各點數乘上相對次數：

$$1 \times 0.165 + 2 \times 0.1612 + 3 \times 0.1687 + 4 \times 0.1649 + 5 \times 0.1682 + 6 \times$$

0.172=3.5261

擲一萬次，平均點數是 3.5261，可見得與期望值極為接近，通常當我們擲越多次，各點數出現的相對次數會越接近 $\frac{1}{6}$，期望值也會越接近 3.5。

有名的陷阱

在此先補充一點，上述的說法跟「擲越多次，各點數出現的次數會越接近期望值」一樣嗎？

這其實是個很有名的陷阱，稱為相對值跟絕對值的謬誤，比如說，賭俠觀察莊家擲了 20,000 次，各點數出現的次數如下：

點數	實際次數	期望次數	理論次數與期望次數的差距
1	3300	3333.333	−33.333
2	3305	3333.333	−28.333
3	3352	3333.333	18.667
4	3331	3333.333	−2.333
5	3324	3333.333	−9.333
6	3388	3333.333	54.667

擲越多次會有二個效果：

一是相對次數會越接近理論機率值。

二是試行越多次，本來造成的誤差也會越大，各位可以想像如果少到只擲一次，各點數出現次數不是 0 就是 1，而各點數的理論次數是 0.16666，所以差距就是（1-0.16666），或（0-0.16666），根本就小於 1。

所以兩者效果互相抵銷，不見得實際次數與期望次數的差距會越小。下表顯示出這種情況，實際次數與期望次數差距不

減反增，這是因為我們擲了二萬次，增加一倍，即便理論上相對次數會接近機率值，但還是會被拉開差距。

點數	實際次數	實際相對次數	差距
1	3320	0.166	−13.333
2	3264	0.1632	−69.333
3	3362	0.1681	28.667
4	3300	0.165	−33.333
5	3344	0.1672	10.667
6	3410	0.01705	76.667

幸運兒人數

回到一開始我們的疑問，到底開出頭獎是不是有人搞鬼呢？同樣的，我們可以根據各期的投注數計算其期望值，這裡的公式就是：

總投注注數 × 中頭獎機率

以臺北富邦大樂透第 62 期總投注數為例，該期頭獎的期望次數就是：

$$52,854,165 \times \frac{1}{13,983,816} \approx 3.8$$

約是 3.8 注，可見在總投注數相當驚人的情況下，頭獎開出根本不稀奇，而且要出現近 4 個中頭獎才算正常。我們另外給出該期各獎項期望次數與實際得獎數，可以看出其中一定有差異，但並不會差距太遠。

獎項	實際次數	期望次數
頭獎	2	3.8
貳獎	22	22.7
參獎	796	952.5
肆獎	2,172	2,381.2
伍獎	43,885	48,814.4
陸獎	58,934	65,085.9
普獎	827,553	867,811.5

33

奇蹟不是「奇蹟」

如果你們家常把乳酪放在桌上，
家中又飼養了不少老鼠，
那你家的乳酪會走路並不算奇蹟！

　　當發生一件事的機率很低，但竟然發生了，我們常稱為「奇蹟」，比如說，你走在路上，突然想起一位失聯甚久的朋友，沒想到幾分鐘後竟然發現這位朋友朝你迎面走來，傑克，這真是太太太神奇了，簡直巧合到不可思議。

稀少事件遇上大樣本

　　感覺上是很巧，但是透過機率的抽絲剝繭卻又有另一番解讀，仍是應用期望值的觀念而已。瑄瑄是位可愛又好奇的臺大學生，每天走路回家約 10 分鐘行程，她總喜歡左看看右看看，期待與某個失聯已久的朋友不期而遇，怎麼分析她在某一天真的遇到多年未見學長的事件呢？

　　這種分析需要很多前提假設，也許有些讀者並不完全認同，但我們主要是介紹邏輯分析的模式，讀者可以自行調整假設，再計算結論。假設瑄瑄 365 天風雨無阻上下學，則她一年有 $365 \times 2 = 730$ 個 10 分鐘可以遇到學長，再假設遇到的機率是 $\dfrac{1}{1,000,000}$（一般機率低到百萬分之一就稱為奇蹟），則一年內其遇到奇蹟次數期望值是：

$$\dfrac{1}{1,000,000} \times 730 = 0.00073$$

　　對瑄瑄個人來說，這次數當然很低，但想想，如果臺灣有 10,000,000 個人有這種期待，則一年中發生的奇蹟次數是：

$$0.00073 \times 10,000,000 = 7,300$$

確認偏見

　　計算結果意思是平均一天約有 20 次奇蹟發生。而通常一旦發生，人們會不自主的加深強化這個難得經驗，甚至在往後數年回味再三，彷彿奇蹟就發生在昨天一般，這個現象在心理學上稱為「確認偏見」，但其實絕大多數時間的生活單調乏味，一切按照既定程序進行，沒有奇蹟可言。

　　相同的邏輯，植物人突然甦醒，家人擁抱喜極而泣，被雷擊後毫髮無傷，廟宇擲筊竟然出現立筊，落後球隊在九局下逆轉勝，這些所謂的「奇蹟」背後都有無數的失敗試行，出現一、二次成功是正常的，只是我們往往就只聚焦在那一、二次成功案例，瞭解整個全貌似乎就不足為奇了。

中二次頭彩

　　再回到讀者最有興趣的彩券，臺北富邦的彩券業務從 2002 年開始到 2006 年落幕，絕大多數的人都沒得過頭獎，甚至只得過 200 元小獎，但就是有人得過二次頭獎：

> **兩次中大獎‧超幸運**
>
> 　　樂透推出將滿五年，明年起，臺北富邦銀也即將把主辦權交給中信銀。北富銀昨日舉行「結業記者會」公布統計，樂透五年間，造就九百五十六位得獎千萬元以上的幸運兒，其中高達六一‧七二％的得主，每期都購買，還有一人連續兩次各得到一千萬以上彩金。（資料來源：工商時報 2006 年 12 月 21 日）

　　從同樣的道理，來看看中二次頭彩的機率，一次已經很低了，要中二次豈不是無法形容的低了？由於新聞中沒有仔細交代中一千萬以上彩金的細節，無從得知是否為樂透彩或其他，

就假設是中大樂透好了，如果狗來富買了二次大樂透，每次一
張，則兩次都中頭獎的機率是：

$$\frac{1}{13,983,816} \times \frac{1}{13,983,816} = \frac{1}{195,547,109,921,856}$$

將近二百兆分之一，狗來富還真是洪福齊天，所以以後聽到有
人中二次頭彩都是奇蹟？這對嗎？想想看，這個機率是只買二
次，而二次都剛好中，但中二次頭彩的人很少是這種情形，他
們幾乎期期都買，且一次買都不只一張，在這種情況下，要中
二次頭彩機率一定較二百兆分之一高很多，加上有百萬彩迷都
是這種行為，應用極小機率遇上超大樣本的結論，五年中出現
個中二次頭彩的人其實沒有低到可用奇蹟來形容。

34

西門町的發票大善人

統一發票的中獎機率，因為實在不高，
很多人拿了就直接捐給創世基金會，
但你可能不知道，有人卻因此而發跡！

　　前文曾經介紹統一發票的中獎機率，因為實在不高，很多人拿了就直接捐給創世基金會，但你可能不知道，有人可以專門做發票買賣的，先來看這則有趣的報導：

西門町的發票大善人？

發票大王行善・1張1元助遊民

　　臺北市獅子林商業大樓一樓的臺北牛乳大王，有著唯一的一桌室外桌，當地店家都戲稱為「王位」。此王當然不是牛乳大王，而是「西門町發票大王」徐鵬，收購發票的專屬座位。十六年來，徐鵬就這樣一張一張地建立起他「發票大王」的名聲。

一元收購・每期可收十萬張發票

　　八十一年，徐鵬眼見發票中獎率愈來愈低，認為多年來的零星收集缺乏效率，加上年事已高，索性把大樓管理員辭了，以每月約兩萬六千元的終身俸做本錢，在獅子林大樓下轉型成「發票收購達人」。一傳十，十傳百，「發票大王」的名號開始在西門町流傳，徐鵬更成為許多人眼中的「提款機」。（資料來源：中時電子報2007年10月15日）

　　一元收購成為許多人眼中的「提款機」，為什麼記者不說這是一個公平的交易呢？又到底發票的價格該是多少才合理，想來很多讀者根本沒有想過，其實這個問題也可以從期望值的觀點來理解。回憶之前計算出來發票中各獎項的機率，我們配合各獎項的獎金金額，計算期望值，在此期望值的公式是：

$$\sum (機率 \times 獎金)$$

參考下表，搭配中獎機率跟中獎金額，得到期望值如下：

獎項	中獎機率	中獎金額	期望值
特獎	0.00000001	2000000	0.02
頭獎	0.00000003	200000	0.006
貳獎	0.00000027	40000	0.0108
參獎	0.0000027	10000	0.027
肆獎	0.000027	4000	0.108
伍獎	0.00027	1000	0.27
陸獎	0.0027	200	0.54
總期望值			0.9818

　　上表可以看出，一張發票的期望值只有 0.9818 元，意思是說平均而言，一張發票可以換回 0.9818 元。當然讀者一定要知道這是平均的概念，畢竟發票要嘛沒中，不然就是 200 元以上的獎項，可沒有 0.9818 元的獎項。

加碼
　　還記得財政部三不五時會在年終增加普獎的中獎組數嗎？由於中獎機率提高，自然會影響到發票的期望值，現在來看增加一組的期望值是多少？參考下表，改變只出現在普獎的機率跟期望值，雖然只是一個小小改變，但是一張發票的期望值增加到 1.1818 元。

獎項	中獎機率	中獎金額	期望值
特獎	0.00000001	2000000	0.02
頭獎	0.00000003	200000	0.006
貳獎	0.00000027	40000	0.0108
參獎	0.0000027	10000	0.027
肆獎	0.000027	4000	0.108
伍獎	0.00027	1000	0.27
陸獎	0.0037	200	0.74
總期望值			1.1818

同理，如果增加二組，見下表，期望值更增加到 1.3818 元了。

獎項	中獎機率	中獎金額	期望值
特獎	0.00000001	2000000	0.02
頭獎	0.00000003	200000	0.006
貳獎	0.00000027	40000	0.0108
參獎	0.0000027	10000	0.027
肆獎	0.000027	4000	0.108
伍獎	0.00027	1000	0.27
陸獎	0.0047	200	0.94
總期望值			1.3818

　　雖然新聞沒有跟我們說西門町的發票達人是賺或虧錢，但想來賠錢的生意沒人做，他應該會在平常發票蒐集少一點，而年終加碼時狂蒐發票，以他一期可以蒐集到十萬張的業績來說，其收入期望值是：

$$1.3818 \times 100,000 = 138,180$$

而其成本不過 100,000 元，所以淨賺 38,180 元，約等於一個月賺 19,090 元，其實還是個不錯的行業呢！

35

精明的工程師

真的買愈多、刷愈多，中也愈多嗎？

　　由機率得出單張發票的期望值，再由張數得出總獎金，而單張發票的期望值是固定的，要多得獎金就只有多蒐集發票一途。

奧客？

　　多對多中，人人知道這個道理，卻很少人將之應用在日常生活。曾經也有一則新聞，某位老太太到超商買東西，一定要將商品個別結帳，這樣可以多拿一些發票，但這樣有點麻煩，更容易遭來店員的白眼。同樣的故事，底下這位工程師就高竿多了，只要刷刷刷，獎金自動入袋來。

刷卡 9 萬中獎 40 萬．利用或然率爆爭議

　　只用不到 10 萬元，刷卡對中 40 餘萬元，報酬率 4 倍多，精通數學或然率的年輕工程師，還來不及高興，就因銀行事後認定刷卡無效，將原本已入帳的獎金，連同消費者原有的 10 餘萬元存款共 60 萬元全數凍結，消費者又急又氣，一狀告到消基會。這起爭議是近幾年來，銀行盛行對獎活動後，罕見的刷卡中獎申訴案例，一位本身學應用數學出身的年輕工程師，想利用數學機率中的或然率拿獎金，於是參加某銀行舉辦的贈獎活動。

　　由於刷卡金門檻 299 元，因此，這位年輕工程師費了九牛二虎之力，以一次刷 300 元的方式，一天內刷了 300 筆，約 9 萬元，全部拿來買電話卡，因為刷卡筆數太多，銀行特約商店在刷卡時，還費了好幾個小時時間。

　　工程師申訴表示，根據對獎辦法，只要刷卡日期與籤帳單授權號碼相同，對中末 1 碼有 200 元獎金，末 2 碼有 500 元獎金，末 4 碼相同有 1 萬元，號碼完全相同則有 200 萬元獎金，若累

積對中多張，獎金再加倍，在完成籤帳金額後，將日期與授權碼比對後，300 張籤帳單共對中 40 餘萬元，銀行也按照對獎辦法將獎金撥入帳戶內……。（資料來源：東森新聞報 2004 年 4 月 13 日）

翻臉

銀行的用意是希望持卡人多多刷卡消費，但沒想到反被精明的工程師找到漏洞，將了一軍。從銀行的對獎辦法我們可以計算出單一張對帳單的期望值，當然，一定是對帳單越多，總獎金期望值越高，工程師才會卯起來刷刷刷，而也的確 300 張對帳單就讓他入袋 40 餘萬，比起只會多拿發票是高明多了。

博雅文庫 106

機率好好玩

作　　　者	張振華
發 行 人	楊榮川
總 經 理	楊士清
主　　　編	侯家嵐
責任編輯	侯家嵐
封面插畫	王正洪
內文插畫	馬佩雯
封面設計	盧盈良
出 版 者	五南圖書出版股份有限公司
地　　　址	106台北市大安區和平東路二段339號4樓
電　　　話	(02)2705-5066
傳　　　真	(02)2706-6100
劃撥帳號	01068953
戶　　　名	五南圖書出版股份有限公司
網　　　址	http://www.wunan.com.tw
電子郵件	wunan@wunan.com.tw
法律顧問	林勝安律師事務所　林勝安律師
出版日期	2008年7月初版一刷
	2009年8月二版一刷
	2014年9月三版一刷
	2017年8月三版二刷
定　　　價	新臺幣250元

國家圖書館出版品預行編目資料

機率好好玩/ 張振華著. ─ 三版. ─ 臺北
市：五南, 2014.09
　　面；　公分
　　ISBN 978-957-11-7739-7（平裝）
1.機率 2.統計比率
511.8　　　　　　　　　　　103014584